金句秀

文缘 ◎ 编

贵州出版集团
贵州民族出版社

图书在版编目（CIP）数据

金句秀 / 文缘编. -- 贵阳：贵州民族出版社，2025.8. -- ISBN 978-7-5412-3110-0

Ⅰ．H033

中国国家版本馆CIP数据核字第2025SP8177号

金句秀
JINJU XIU
文　缘　编

出版发行：贵州民族出版社
地　　址：贵阳市观山湖区会展东路贵州出版集团大楼
邮　　编：550081
印　　刷：三河市天润建兴印务有限公司
开　　本：880 mm × 1230 mm　1/32
版　　次：2025年8月第1版
印　　次：2025年8月第1次印刷
印　　张：6
字　　数：160千字
书　　号：ISBN 978-7-5412-3110-0
定　　价：48.00元

版权所有·翻印必究

前 言

人类五千年，总有些名言佳句如璀璨星辰，穿透时空的帷幕，在历史长河中永恒闪烁。它们或如春雷唤醒沉睡的大地，或如清泉润泽干涸的心田，以最精练的语言承载最深邃的智慧。当我们展开这卷描绘人类二十一个世纪的精神图谱时，从商周青铜器上的铭文，到数字时代硅谷创业者的箴言；从爱琴海岸哲人的思辨，到东方竹林七贤的玄谈，约四千条凝聚人类智慧结晶的名言佳句在此汇聚，构成一部跨越地域、时代与文明的精神交响曲。

一、玉屑金块：文明长河中的智慧结晶

在巴比伦泥板文书与甲骨卜辞并行的年代，人类便懂得将智慧锻造成语言的利刃。本书收录的《汉谟拉比法典》开篇铭文"为使强不凌弱，孤儿寡妇得庇护"，与同时期《尚书》中"克明俊德，以亲九族"的训诫形成跨越时空的呼应。这些镌刻在金石简帛上的古老智慧，历经战火迁徙而愈发璀璨，恰如敦煌藏经洞中幸存的《心经》写本，虽纸页泛黄，但其"色即是空，空即是色"的哲思仍旧闪耀如新。

文艺复兴时期的人文觉醒与明清之际的实学思潮，在本书中形成东西共振。米开朗基罗"雕像本来就在石头里，我只是把不要的部分

去掉"的雕刻家箴言，与王阳明"知者行之始，行者知之成。圣学只一个功夫，知行不可分作两事"的心学要义互为映照；伽利略"数学是上帝书写宇宙的文字"的自然哲学，同徐光启"欲求超胜，必须会通"的科学理念遥相辉映。这些穿越时空的智慧对话，构成人类认知世界的多维坐标系。

二、经纬交织：立体化的编排体系

本书突破传统名言集按国别或时代分类、按首字笔画或拼音索引的结构，引入纵横检索系统。纵向以人生设计、处世智慧、修心顿悟、事业进阶、文化价值、财富真相六大类别为经，横向以时与运、成与败、得与失、福与祸、名与利、安与危、方与圆、藏与露、友与敌、善与恶、悲与喜、苦与乐、智与愚、知与行、难与易、才与德、学与教、穷与富、贵与贱等三十多个主题为纬。读者既可按图索骥查阅宋代理学宗师张载"为天地立心，为生民立命，为往圣继绝学，为万世开太平"的"横渠四句"，和德国"哲学狂人"尼采关于"一个人要无愧于心较容易，若要改变恶劣名声则难"的哲学论述；也可在"时与运"主题中感受曾国藩"凡办大事，半由人力，半由天意"与荷马"不论弱者或强者，都逃不出命运的手掌"的跨时空对话。

书中特别安排不同文明的名言展开思想交锋。尼采"杀不死我的，使我更强大"的强力意志，与老子"柔弱胜刚强"的东方智慧比邻而居；海明威"一个人可以被毁灭，但不能被打败"的硬汉宣言，和苏东坡"回首向来萧瑟处，归去，也无风雨也无晴"的超然之境隔空互动。这种编排刻意制造的思想张力，旨在激发读者建立自己的认知坐标系。

三、薪火相传：激活经典的生命力

本书每个主题的设置，都是希望将古典智慧转化为现代能力的实践路径。在"方与圆"主题中,既收录张作霖"江湖不是打打杀杀,而是人情世故。能应对就不容易,完全懂了那绝对不可能。打,那是土匪"的霸气宣言,也提供《菜根谭》"待善人宜宽,待恶人当严,待庸众之人宜宽严互存"的实用技巧;在"读与思"部分,既有冰心"读书好,多读书,读好书"的读书心得,也有培根"读史使人明智,读诗使人灵秀,数学使人周密,科学使人深刻,伦理使人庄重,逻辑修辞使人善辩"的实践指南。

四、星火燎原:构建个人的智慧星系

在这信息爆炸的时代,本书犹如精心设计的思维导航仪。约四千条名言佳句并非要求大家全盘接受,而是提供给读者建构个人价值体系的原料。读者可以像乔布斯在斯坦福大学演讲中串起"点滴回望"那样,将孔子的"三十而立"与马斯克的"火星殖民计划"编织成独特的人生叙事;也可以像达·芬奇在笔记中画思维导图那样,把释迦牟尼的"缘起性空"与量子纠缠理论勾连成认知网络。

站在巨人的肩膀上远眺,我们终将明白:真正的智慧从不在别处,而在无数思想者用生命点燃的火种中。愿这卷凝聚了人类五千年智慧的精神火种,能在每位读者心中点燃属于自己的思想火炬,照亮属于这个时代的文明征程。当你翻开本书的瞬间,便已加入这场横贯古今的思维盛宴——在这里,苏格拉底与王阳明正在讨论善恶良知,居里夫人与三毛正在切磋格物之道,而你的思考,将成为这场对话的最新篇章。

书中难免存在错谬之处,敬请批评指正!

编　者

2025年1月于北京

目 录

第一辑　人生设计

时与运 002

成与败 007

得与失 011

福与祸 016

名与利 021

安与危 027

生与死 030

病与康 038

第二辑　处世智慧

方与圆 042

藏与露 045

言与默 049

诚与诈 054

爱与恨 059

聚与散 066

友与敌 067

善与恶 077

勇与怯 083

第三辑　修心顿悟

- 止与贪 094
- 静与动 097
- 悲与喜 101
- 苦与乐 103
- 执与放 108
- 谦与傲 113

第四辑　事业进阶

- 智与愚 116
- 知与行 120
- 难与易 126
- 勤与惰 129
- 顺与逆 132
- 信与疑 137

第五辑　文化价值

- 才与德 140
- 读与思 145
- 学与教 153
- 事与理 158
- 美与丑 161
- 荣与辱 165

第六辑　财富真相

- 财与货 168
- 穷与富 172
- 贵与贱 176
- 俭与奢 179

第一辑　人生设计

真正的强大不是对抗，
而是允许一切发生。

时与运

时如江河奔涌,不可逆流;运似风云变幻,难以捉摸。智者顺势而为,于浪尖蓄力;勇者逆旅求存,在低谷蛰伏。天时有尽,人力无穷,唯持心守正,方得始终。

天有不测风云,人有旦夕祸福。蜈蚣百足,行不及蛇;雄鸡两翼,飞不过鸦。马有千里之程,无骑不能自往;人有冲天之志,非运不能自通。

——《寒窑赋》

古庙荒芜怕见归,几番独自泪双垂。黄河尚有澄清日,岂可人无得运时。 ——《张协状元》

无人扶我青云志,我自踏雪至山巅。若是命中无此运,亦可孤身登昆仑。 ——佚名

凡办大事,半由人力,半由天意。 ——曾国藩

彼一时,此一时也。——孟子

时有终始,世有变化。

——庄子

王侯将相,宁有种乎?

——陈胜

君子藏器于身,待时而动,何不利之有? ——《周易》

功者难成而易败,时者难得而易失也。时乎时,不再来。

——司马迁

贤人君子,将立天下之功,成天下之名,非遇其时,曷由致之哉! ——《晋书》

机者如神,难遇易失。

——《魏书》

为者如牛毛,获者如麟角。

——葛洪

万事不由人计较,一生都是命安排。 ——冯梦龙

难得易失者时也,易过难见者机也。 ——陈子昂

自知者不怨人,知命者不怨天;怨人者穷,怨天者无志。

——荀子

夫难得而易失者时也,时至而不旋踵者机也,故圣人常顺时而动,智者必因机以发。

——陈寿

从前种种，譬如昨日死；从后种种，譬如今日生：此义理再生之身也。 ——袁了凡

尽性知命之学，不过一静字做来；参天位地之功，不过一诚字推去。 ——申居郧

处尊居显未必贤，遇也；位卑在下未必愚，不遇也。——王充

命里有时终须有，命里无时莫强求。 ——兰陵笑笑生

治乱，运也；穷达，命也；贵贱，时也。 ——李康

雷雨江山起卧龙，武陵樵客蹑仙踪。 ——刘禹锡

智者因危而建安，明者矫失而成德。 ——陆贽

莫为霜台愁岁暮，潜龙须待一声雷。 ——杜牧

谋事在人，成事在天。
——曹雪芹

天有不测风云，人又岂能料乎？ ——罗贯中

英雄心事无今古，神物风云各有时。 ——张佳胤

来而不可失者，时也；蹈而不可失者，机也。 ——苏东坡

时者难得而易失，机者可遇不可求。 ——《金云翘传》

凡乘势以应变，因时以立功，虽一听于自然，而进德修业，未始不以自强不息为主。
——秦观

虎啸风生，龙腾云起，英贤奋发，亦各因时。 ——《北史》

盈缩之期，不但在天；养怡之福，可得永年。 ——曹操

人寿几何，逝如朝霜；时无重至，华不再阳。 ——陆机

命运，不过是失败者无聊的自慰，不过是懦怯者的解嘲。
——茅盾

现在的你，是过去的你所造的；未来的你，是现在的你所造的。
——《西藏生死书》

只有不能支配自己的人才会被命运支配。 ——巴金

一个人在一种不能屈伸的环境下，只有两条路可走，一条路是消极的叫命运宰割，一条就是努力自造命运。 ——庐隐

命运不弃人，人常自弃于命运；气数不限人，人常自限于气数；时运不拘人，人常自拘于时运。
——萧天石

一个人是可以改变自己的命运的，但是千万记住，只能你自己改，别人无法改。
——曾仕强

人生际遇的好与坏，关键往往在于生命里碰到什么人，只要

能对你有所启发,都是明灯。

——刘德华

想要成事,就要等待天时。天不得时,日月无光;地不得时,草木不长;水不得时,风浪不平;人不得时,利运不通。时机不到,静候天时,莫念,莫怨;要忍,要容,要坚定。 ——黄安

我从来认为人不可能狂妄到自己可以改变自己的命运,但是人又不能够消极到等待天上掉馅饼。我们需要在两者中寻找一种合乎中道的平衡,就是我们相信命运的神秘莫测,同时又要相信自己,要尽好自己的本分。

——罗翔

只要我们还活着,命运就得继续,命运最终是赢不了我们的。它会让你难受,让你绝望,它会调皮捣蛋,甚至冷酷无情,但你只要知道,只要你不停,它就得继续,它就奈何不了你。所以你难受的时候,只要看着,你就看看,它还能折腾出什么东西,久了,你就知道,它终究像个孩子,或者,就是个孩子,是我们自己的孩子。我们的命运终究会由我们自己生下。我们终究是自己命运的母亲。 ——蔡崇达

天黑了就是遇上挡不住的大难了,你就得认命。认命不是撂下(放弃),是咬着牙挺着,挺到天亮。天亮就是给你希望了,你就赶紧起来去往前走,有多大的劲儿往前走多远,老天会帮你。

——《姥姥语录》

既然别无选择,那只有一往无前。别人的严格要求是没用的,只有对自己足够狠,才不怕命运的戏弄。 ——电影《八角笼中》

聪明人绝不等待机会,而是捕捉机会,运用机会,征服机会,以机会为仆役。 ——卓宝

运气和风险就像孪生兄弟一样。它们证明了这样一个事实:生活中的每一个结果都受到个人努力之外的其他因素的影响。

——《金钱心理学》

获得好运的方法:希望好运不期而至。不停地折腾,直到撞上大运。做好心理准备,对别人错过的机会保持敏感。把你所做的事情做到极致。精益求精,直到名副其实。让机会自动找到你,让运气成为必然。

——《纳瓦尔宝典》

人类的一切事物都是悬吊在一根细丝上。昔日的强盛可以因时运的倒转而毁于一旦。

——奥维德

命运像水车的轮子一样旋转着，昨天还高高在上的人，今天却屈居人下。　　——塞万提斯

机会来的时候像闪电一般短促，全靠你不假思索地利用。
　　　　　　　　——巴尔扎克

运气通常照顾深思熟虑者。
　　　　　　　　——诺贝尔

运气永远不会帮助没有勇气的人。　　——索福克勒斯

我是我命运的主人，我是我心灵的主宰。　　——赫里克

失势的伟人举目无亲，走运的穷汉仇敌逢迎。——莎士比亚

机会老人先给你送上它的头发，当你没有抓住再后悔时，却只能摸到它的秃头了。或者说它先给你一个可以抓的瓶颈，你不及时抓住，再得到的却是抓不住的瓶身了。　　　　——培根

当机会呈现在眼前时，若能牢牢掌握，十之八九都可以获得成功。而能克服偶发事件，并且替自己找寻机会的人，更可以百分之百地获得胜利。——卡耐基

成功好比一张梯子，"机会"是梯子两侧的长柱，"能力"是插在两根长柱之间的横木。只有长柱没有横木，梯子没有用处。
　　　　　　　　——狄更斯

人们总是特别看重机遇，实际上机遇是由人来支配的，并非机遇支配人。　——桑塔亚那

你应该认清自己的命运，任何人都不可能在每一件事情上都超人一等。　　——伊索

对于凌驾于命运之上的人来说，信心是命运的主宰。
　　　　　　　——海伦·凯勒

不论弱者还是强者，都逃不出命运的手掌。　——荷马

所有成功的人都承认自己是因果论者。他们相信成功不是由于命运，而是由于定律；相信在结合开始与终结的一件事的连贯中并没有一个脆弱的破裂的环节。
　　　　　　　　——爱默生

当命运递给我们一个酸的柠檬时，让我们设法把它制造成甜的柠檬汁。　　——雨果

没有侥幸这回事，最偶然的意外似乎也都是有必然性的。
　　　　　　　——爱因斯坦

每个人都是命运的建筑师，辉煌的未来有待我们去筹建。
　　　　　　　　——朗费罗

命运常在给你带来幸福的同时也给你带来不幸。——托·富勒

弱者坐待时机，强者制造时机。　　　——居里夫人

不论怎样不幸都会带来某种幸运。　　　　　——贝多芬

我要扼住命运的咽喉，它妄想使我屈服，这绝对办不到。生活是这样美好，活它一千辈子吧！
　　　　　——贝多芬

命运的神力只被那些不幸的人们所承认，因为幸福的人们都把成功归于自己的精明强干。
　　　　　——斯威夫特

智者是自己命运的创造者。谁想改变命运，就得勤奋工作，否则将一事无成。——普劳图斯

勇敢的人开凿自己的命运之路，每个人都是自己命运的开拓者。
　　　　　——塞万提斯

命运可以夺去财富，却夺不去勇气。　　　——塞涅卡

命运压不垮一个人，只会使人坚强起来。　　——伯尔

人有时必须顺从命运，但绝不能屈服于它。——哈利法克斯

不管我们漫游到什么地方，命运的引线永远在我们面前。
　　　　　——利希特

天命是好人的朋友，贤者的引导人，愚人的暴君，坏人的敌人。
　　　　　——欧嘉

对于不会利用机会的人，时机又有什么用呢？一个不受胎的蛋，是要被时间的浪潮冲刷成废物的。　　　　——艾略特

命运不能妨碍我们的欢乐，让它来胁迫我们吧！我们还是要欢笑度日，只有傻瓜才不是这样。
　　　　　——高尔基

平坦的道路，也难免有被绊倒的时候。人的命运亦如此。因为，除了神以外，谁都不知真实为何物。　　　——契诃夫

好运和厄运在我看来是两种统治力量，以为人类的智慧能够扮演命运女神的角色，未免愚蠢。
　　　　　——蒙田

能使愚蠢的人学会一点东西的，并不是言辞，而是厄运。
　　　　　——德谟克利特

无论在任何情况下，都要尽最大的努力在决定人的命运以前纠正错误。　　——H.古德里安

在人的一生中，有时某些成就恰恰是在逆境中创造出来的；有时当形势严重到极难对付时，人们就会去掌握自己的命运，去战胜厄运。　　——李·艾科卡

有位诗人说过："你的命运之星，在你心中。"不论你的处境如何，过去如何，构筑未来的命运之星肯定就在你自己心中。
　　　　　——池田大作

我相信命运，而且我发现，我工作越认真，我的运气就越好。
——勒考克

命运不是一种机遇，而是一种抉择。它不是等来的，而是挣来的。
——布莱恩

成与败

成与败，不过是人生硬币的两面。成时莫骄，败时勿馁。真正的强者，在胜利中看到危机，在失败里觅得转机。每一次跌倒都是站起的契机，每一回成功皆是新的起点。

不谋万世者，不足谋一时；不谋全局者，不足谋一域。
——陈澹然

不为不可成，不求不可得，不处不可久，不行不可复。
——管仲

欲思其利，必虑其害。欲思其成，必虑其败。
——诸葛亮

灭六国者，六国也，非秦也。族秦者，秦也，非天下也。
——杜牧

丈夫贵不挠，成败何足论。
——陆游

事功之成否，人力居其三，天命居其七。
——曾国藩

天下无难事，唯坚忍二字，为成功之要诀。
——黄兴

不可以一时之得意，而自夸其能；亦不可以一时之失意，而自坠其志。
——冯梦龙

凡做事，将成功之时，其困难最甚。行百里者半九十，有志当世之务者，不可不戒，不可不勉。
——梁启超

我们大家要一起来想，怎样才能活下去，也许才能存活得久一些。失败这一天是一定会到来的，大家要准备迎接。
——任正非

失败并不可怕，可怕的是失败后不吸取教训，不总结经验，一错再错，或者灰心丧气，一蹶不振！
——蒋子龙

任何团队的核心骨干，都

必须学会在没有鼓励、没有认可、没有帮助、没有理解、没有宽容、没有退路，只有压力的情况下，和团队一起获得胜利。成功只有一个定义，就是对结果负责。如果你靠别人的鼓励才能发光，你最多算个灯泡。我们必须成为发动机，去影响其他人发光，你自然就是核心！——马云

如果说现在中国企业家和外国企业家的理念还有什么不同的话，那就是我们追求成功的目的是什么。国外很多企业家成功的目的是更好地生活，为了幸福感，让家庭生活得更加幸福。

——刘强东

对大部分人来讲，即使不从事理工科专业，不投资，不创业，也应该明白量级这个概念。不要醉心于重复做很多影响力微乎其微的事情，否则即使再努力，也难以有大成就。——吴军

成功之道绝无"秘诀"可言。人之所以失败，多半是因为"搬起石头砸了自己的脚"。

——王安

成功时不要把自己看成巨人，失败时不要把自己看成矮子。

——刘吉

失败次数最少的将军就是最好的将军。——汉密尔顿

一个人可以被毁灭，但不能被打败。——海明威

成功＝艰苦的劳动＋正确的方法＋少说空话。——爱因斯坦

我年轻时注意到，我每做十件事有九件不成功，于是我就做十倍的工作。——萧伯纳

一个人可以失败多次，但是只要他没有开始责怪旁人，他就还不是一个失败者。——巴勒斯

为人要明白事理：如果你盼望有所成功，就根据自己的才能，可不要好高骛远。

——克雷洛夫

假如成功有秘诀的话，那就是要理解其他人的立场，同时，要有站在自己的立场和他人的立场看各种事物的能力。

——福特

如果你要获得成功，当以恒心为良友，以经验为参谋，以耐心为兄弟，以希望为哨兵。

——爱默生

与其花许多时间和精力去凿许多浅井，不如花同样的时间和精力去凿一口深井。

——罗曼·罗兰

人在意志力和斗争性方面的长处或短处，往往是导致他们成

功或失败的重要原因之一。

——哈代

所谓失败，就是一个人已经做错事情，却又不能从错误中得到教训。　　　——哈伯特

人们常以为犯小过无伤大雅，哪知更大的失败常是由小过引来的。　　　　　——雪莱

从不获胜的人很少失败，从不攀登的人很少跌跤。

——惠蒂尔

凡不能获得他人信任的人，永远难求成功。　　——纪德

胜利在最后五分钟。

——拿破仑

失败可能是变相的胜利，最低潮就是高潮的开始。

——朗费罗

我们从失败中学到的东西要比从成功中学到的东西多得多。

——斯迈尔斯

失败与成功之间的分界是如此细微，以至于我们在跨越它时往往不曾留意——我们时常处在分界点却不自知。

——阿尔伯特·哈伯德

一次真正的成功，也许毫无荣耀可言，倒是很可能来自对一次真正的失败的苦苦探索。

——托马斯·劳伦斯

你要记住，生活中成功的人是那些知道自己并不聪明，而努力工作以弥补自己的不足的人。

——赫伯特·蔡尔兹

如果在自己非常想要做的事情上未能成功，不要立刻放弃并接受失败，试试别的方法。

——卡耐基

匆匆忙忙地去完成一件事以期达到快速的目的，结果总是要失败。　　　　　——伊索

一分钟的成功，付出的代价却是好些年的失败。

——罗伯特·布朗宁

在生活中，知晓成功秘密的，只有那些尚未成功的人。

——柯林斯

越是能够容忍、大度，那么成功的可能性也就越大。

——安东·亨利·约米尼

大多数事情的成功有赖于明了通往成功的道路有多么漫长。

——孟德斯鸠

如果失败已成定局，再玩弄策略也改变不了失败的命运。

——西·伦茨

有许多人就是因为成功得太迅速而失败的。　——德莱塞

只有毅力才会使我们成功……而毅力的来源又在于毫不

动摇、坚决采取为达到成功所需要的手段。　　——车尔尼雪夫斯基

富于理智的人则致力于他们计划的成功。当事情不能实现的时候,他们随机应变。他们学会了在挫折中忍耐,学会了在成长、学习和适应逆境中抓住机会。他们支配环境,而不是环境支配他们。　　——鲍威尔

对那些有自信心而不介意暂时成败的人,没有所谓的失败!对怀着百折不挠的坚定意志的人,没有所谓的失败!对别人放手,而他仍然坚持;别人后退,而他仍然前冲的人,没有所谓的失败!对每次跌倒,而立刻站起来;每次坠地,反而会像皮球一样跳得更高的人,没有所谓的失败!　　——雨果

我在亚马逊网站经历的失败,使我赔了几十亿美元,那真的称得上是价值数十亿美元的失败。你可能还记得曾经发展得很好,后来不幸失败的 Pets.com 或 Kosmo.com。那感觉就像是在没有麻醉的情况下进行牙根管治疗一样。这些经历没有一次是让人开心的。但是,它们也没什么大不了的,我们全都挺过来了。
　　——杰夫·贝佐斯

没有绝对的成功和胜利。有些成功仅仅是表面的,而且迟早要为之付出代价。最好是预先付出代价,困难的是,有时不得不事后再付。　　——罗宾·丹尼尔斯

不断地成功只为我们展现了世界的一个侧面。因为我们身边围绕着的都是对我们赞扬备至的朋友,而那些能让我们了解自己缺点的敌人们却被堵住了嘴。
　　——科尔顿

成功的法则应该是放松而不是紧张。放弃你的责任感,放松你的紧张感,把你的命运交付于更高的力量,真正对命运的结果处之泰然。
　　——马克斯威尔·马尔兹

一个人如果认为自己在一生中能干一番不同寻常的大事,就比没有远大理想的可怜虫有着更多的成功机会。
　　——伯纳德·马拉默德

对别人不感兴趣的人,他一生中的困难最多,对别人的伤害也最大。所有人类的失败,都出于这种人。　　——阿德勒

成功的第一个条件是真正的虚心,对自己的一切敝帚自珍的成见,只要看出同真理冲突,都愿意放弃。　　——斯宾塞

不应当急于求成，应当去熟悉自己的研究对象，锲而不舍，时间会成全一切。凡事开始最难，然而更难的是何以善终。
——莎士比亚

坚忍是成功的一大因素。只要在门上敲得够久、够大声，终会把人唤醒。 ——华兹华斯

在别人藐视的事中获得成功，是一件了不起的事，因为这证明了不但战胜了自己，也战胜了别人。 ——蒙泰朗

成功的最佳捷径是让人们清楚地知道，你的成功符合他们的利益。 ——拉布吕耶尔

失败是有教导性的。真正懂得思考的人，从失败和成功中学得一样多。 ——杜威

失败往往是黎明前的黑暗，继而出现的是成功的朝霞。
——霍奇斯

努力不懈的人，会在人们失败的地方获得成功。
——海格门斯顿

一时的成就是以多年的失败为代价而取得的。 ——勃朗宁

从未失败过的人是决不会变得富有起来的。
——查·斯珀吉翁

得与失

得与失，皆是人生常态。得时不必狂喜，失时无须过悲。真正的智慧，在于看淡得失，超越得失。得之淡然，失之坦然，方能深刻领悟生命的平衡。

这个世界上谁也别羡慕谁，得到的都是因为付出了，付出了一定也会得到。——《姥姥语录》

春有百花秋有月，夏有凉风冬有雪，若无闲事挂心头，便是人间好时节。 ——释慧开

人皆知就利而避害，莫知缘害而见利；皆识爱得而憎失，莫识由失以至得。 ——刘昼

自处超然，处人蔼然，无事澄然，有事斩然，得意淡然，失意泰然。 ——《格言联璧》

智者千虑，必有一失；愚者千虑，必有一得。——司马迁

其未得之也，患得之；既得之，患失之。——孔子

事者生于虑，成于务，失于傲。——管仲

以人言而得，必以人言而失。——《宋史》

见兔而顾犬，未为晚也；亡羊而补牢，未为迟也。——《战国策》

天下者，得之艰难，则失之不易；得之既易，则失之亦然。——苏过

以骨去蚁，蚁愈多；以鱼驱蝇，蝇愈至。——韩非子

以隋侯之珠，弹千仞之雀，世必笑之。——庄子

墙高基下，虽得必失。——《后汉书》

求则得之，舍则失之。——孟子

有而勿失，得而勿忘。——《管子》

螳螂捕蝉，黄雀在后。——纪昀

得之不喜，失之安悲？——葛洪

天下之事，急之则丧，缓之则得，而过缓则无及。——苏辙

有所取，必有所舍；有所禁，必有所宽。——苏东坡

有意栽花花不发，无心插柳柳成荫。——《增广贤文》

以无所得故，菩提萨埵，依般若波罗蜜多故，心无挂碍。无挂碍故，无有恐怖。远离颠倒梦想，究竟涅槃。——《心经》

古今之成大事业、大学问者，必经过三种之境界："昨夜西风凋碧树。独上高楼，望尽天涯路"，此第一境也。"衣带渐宽终不悔，为伊消得人憔悴"，此第二境也。"众里寻他千百度，蓦然回首，那人却在灯火阑珊处"，此第三境也。——王国维

今日的事情，尽心、尽意、尽力去做了，无论成绩如何，都应该高高兴兴地上床恬睡。——三毛

我想当一个诗人的时候，我就失去了诗；我想当一个人的时候，我就失去了我自己。在你什么也不想要的时候，一切如期而来。——顾城

以清净心看世界，以欢喜心过生活，以平常心生情味，以柔软心除挂碍。——林清玄

做人还是平常点好，争这个争那个，争来争去赔了自己的

命。像我这样，说起来是越混越没出息，可寿命长，我认识的人一个挨着一个死去，我还活着。

——《活着》

这个世间，并无十全十美的事物，"丰于此者，必缺于彼"。所以若想得到精神上的圆满，最好先在物质上常有些欠缺。所谓精神上圆满的意思，是指父母都健在，家庭和睦，子孙贤达有智慧。 ——聂云台

有些人一直没机会见，等有机会见了，却又犹豫了，相见不如不见。有些事一直没机会做，等有机会了，却不想再做了。有些话埋藏在心中好久，没机会说，等有机会说的时候，却说不出口了。有些爱一直没机会爱，等有机会了，已经不爱了。

——张爱玲

我们想要赚更多的钱，过更好一些的生活。但是要想赚更多的钱的话，得到更偏远的地方，过更糟糕一点的生活。其实再想一想，那些更糟的生活同以后可能会有的更好的生活放到一起平摊了，折算下来的话，其实还是一日一日不好不坏的生活。

——《我的阿勒泰》

发上等愿，结中等缘，享下等福；择高处立，寻平处坐，向宽处行。 ——左宗棠

不乱于心，不困于情。不畏将来，不念过往。如此，安好。

——丰子恺

如果生活突然向你发难，躲不过的话就正面交锋吧。15岁觉得游泳难，放弃游泳，到18岁遇到一个你喜欢的人约你去游泳，你只好说"我不会耶"。18岁觉得英文难，放弃英文，28岁出现一个很棒但要会英文的工作，你只好说"我不会耶"。人生前期越嫌麻烦，越懒得学，后来就越可能错过让你动心的人和事，错过新风景。 ——蔡康永

急于见功，不如细水长流，不求得而自能得。 ——朱屺瞻

只要你不跪下，你永远不比别人矮。 ——杨蓉

昔日之所有，今日无之，不为不足。 ——刘基

早荣亦早枯，易得还易失。

——张廷玉

一失足成千古笑。 ——杨仪

人世事，几完缺。

——吴伟业

得何足喜，失何足忧。

——罗贯中

人不有所舍也,必无所成。

——徐祯稷

成功非难,处成功尤难。

——张居正

得之易,失之易;得之难,失之难。　　——施耐庵

太容易获得的东西便不是贵重的东西。　　——茅盾

慢一些,不争一些,也许得到更多,到达更快。——韩寒

虽有苦乐,多由小小得失而来,也可望从小小得失得到补偿与调整。　　——沈从文

失去总比从来没有过的好一些,因为前者还有甜蜜的回忆与渺茫的期待。——苏青

人生的意义到底是什么呢?吃得好一点,睡得好一点,多玩玩,不羡慕别人,不听管束,多储蓄人生经验,死而无憾,这就是最大的意义吧,一点也不复杂。

——蔡澜

一切毁誉都不放在心上,相信颇有自知之明,我活下去只是为了"给",不是为了"取",这样的生命是有光彩的。

——巴金

不近人情,举世皆畏途;不察物情,一生俱梦境。

——石成金

求其所可求,求无不得;求其所不可求,求无一得。

——郑逸梅

得失成败尽量置之度外,只求竭尽所能,无愧于心。

——傅雷

给予一切后,你反而更丰富更充实地存在。——沈从文

人生在世,必须习惯于失去。

——周国平

一时得失在于力,千古是非在于理。——冯英子

有所得,必有所失;有所失,亦必有所得。——墨人

你爱什么,最后就得丢什么;你不爱的,反而能长远地跟着你。　　——迟子建

走出去就会有风险。不敢冒风险,就一点成功的机会都没有。不敢面对风险,其实就是最大的风险。　　——张瑞敏

"以准备失败的心情去迎接胜利",这是一个人面临得失的时候所必须有的一种态度。假如只准备成功而不准备失败,当失败时就会措手不及。——罗兰

一个农民春种夏耘,到头一场灾害颗粒无收,他也不会为此而将劳动永远束之高阁;他第二年仍然会心平气静地去春种夏

耘,而不管秋天的收成如何。

——路遥

有位记者问我:宁总你工作过好几个公司,回头看,你个人都得到了什么?我说这就像我们去了一趟深山,看到了许多美丽奇妙的景色,种下了许多未来会长大的植物。我并没有从山里带回多少奇珍异宝,只是沾满了浑身的露水和枝叶,抖一抖,原来都是闪闪发光的记忆,对人一生来说这不是也很酷吗?

——宁高宁

一个人的价值,应该看他贡献什么,而不应当看他取得什么。

——爱因斯坦

总想着得失,那么就会觉得勉强自己,甚至产生心结。与其如此,还不如率性而为,跟随心的决定。 ——《人间值得》

须知不尝试的损失与不成功的损失二者是无比较可言的:不尝试是根本抛弃了取得巨大利益的机会,不成功则不过损失了人们的小小的一点劳力。 ——培根

付出多少,得到多少,这是一个众所周知的因果法则。回报也许无法立刻得到,却可能会在不经意间以出人意料的方式出现。 ——哈伯德

老鼠在船底打洞的时候,只想到自己的爱好和方便,它看不到自己在这样大的房子里啃一个小洞得到的好处,比起它给大家带来的巨大损失简直是微不足道的。

——泰戈尔

失败也是我所需要的,它和成功对我一样有价值。只有在我知道一切做不好的方法以后,我才知道做好一件工作的方法是什么。 ——爱迪生

有些鸟儿天生就是关不住的,它们的羽毛太鲜明,歌声太甜美也太狂野了,所以你只能放它们走。 ——斯蒂芬·金

倘若你把整个世界弄到手,却丢了"自我",那就等于把王冠扣在苦笑着的骷髅上。

——易卜生

人类的心理统统就是这样,而且,似乎永远是这样:越是得不到的东西,就越是想得到它,而且在实现这一愿望的过程中所遇到的困难越大,奋斗的意志就越是坚强。 ——乔万尼奥里

要记住:历史上所有伟大的成就,都是由于战胜了看似不可能的事情而取得的。 ——卓别林

甜酸苦辣全得尝一尝,无论是谁,要打算在世界上有点成

就，总得打这儿过。

——马克·吐温

求爱的人得爱；舍身友谊的人有朋友；殚精竭虑要创造幸福的人便有幸福。　——莫罗阿

得不到你一心想要的东西，与什么也得不到几乎一样令人遗憾。

——亚里士多德

那些不能牢记过去的人，命中注定要一再地重复自己的过去。

——雪莱

只要你不计较得失，人生还有什么不能想办法克服的？

——海明威

伏在一大堆鸡蛋上的母鸡，孵不出一只小鸡来。

——罗马尼亚谚语

谁要想摘玫瑰，谁就不要怕刺。　　　——伊朗谚语

买了便宜货，等于白丢钱。

——英国谚语

容易得到的容易失去。

——拉丁美洲谚语

有些人因为贪婪，想得到更多的东西，却把现在所有的都失去了。　　　　　——伊索

我的那些最重要的发现，是受到失败的启示而做出的。

——戴维

我宁可高尚地蒙受损失，也不愿卑鄙地去获取。——西鲁斯

追两只兔子——将会一无所获。　——陀思妥耶夫斯基

毋庸置疑，失有时比得更有益。　　　——普劳图斯

福与祸

福兮祸所伏，祸兮福所倚。福气来时莫得意，暗藏危机；祸患临头勿绝望，孕育转机。智者明白福祸相生，以平常心待之，在不确定的世界里坚守本心。

所谓"傻人有傻福"，无非是"傻人"对世界敬畏、对他人敬畏、对规律敬畏。人的境界高低不在于他的智商，而在于对规律的态度。　　——吴军

有工夫读书谓之福，有力量

济人谓之福，有学问著述谓之福，无是非到耳谓之福，有多闻直谅之友谓之福。　　——张潮

小聪明者，逞一时之凶，但却易遭终身之祸；大聪明者，吃一时之亏，但却易得终身之福。
　　——刘志全

祸兮，福之所倚；福兮，祸之所伏。　　——老子

福轻乎羽，莫之知载；祸重于地，莫之知避。　　——庄子

塞翁失马，焉知非福。
　　——《淮南子》

祸福无门，惟人自召。善恶之报，如影随形。——《太上感应篇》

德薄而位尊，知小而谋大，力少而任重，鲜不及矣。
　　——《周易》

穷则变，变则通，通则久，是以"自天祐之，吉无不利"。
　　——《周易》

天下之福，莫大于无欲；天下之祸，莫大于不知足。
　　——傅玄

清者，福之所集也；奢者，祸之所赴也。　　——葛洪

福者，祸之门也；是者，非之尊也。　　——刘向

积爱成福，积怨成祸。
　　——刘向

福为祸始，祸作福阶。
　　——卢谌

临祸忘忧，忧必及之。
　　——左丘明

祸莫憯于欲利，悲莫痛于伤心，行莫丑于辱先，而诟莫大于宫刑。　　——司马迁

世有无妄之福，又有无妄之祸。
　　——《战国策》

天作孽，犹可违；自作孽，不可活。　　——《尚书》

天有不测风云，人有旦夕祸福。
　　——《合同文字》

祸莫大于纵己之欲，恶莫大于言人之非。　——《格言联璧》

患难之生，皆生于利；苟不求利，祸从何生？——《陈书》

祸之至也，人自生之；福之来也，人自成之。——《文子》

譬之若水火，善用之则为福，不能用之则为祸。
　　——吕不韦

盖事危则志锐，情苦则虑深，故能转祸为福也。
　　——张廷珪

否极泰来，荣辱自古周而复始，岂人力能可保常的。
　　——曹雪芹

祸福相倚，吉凶同域，惟人所召，安不可思？　　——吴兢

亏人是祸，饶人是福。
——《增广贤文》
以祸为福，孰知其极？
——《经法》
妻贤夫祸少。——李直夫
祸生不德，福有慎机。
——崔琦
福之本生于忧，而祸起于喜。
——董仲舒
福无双至犹难舍，祸不单行却是真。——高明
小人之遇福，非分也，有命也；当祸，分也，非命也。君子之遇祸，非分也，有命也；当福，分也，非命也。
——《渔樵问对》
功之成，非成于成之日，盖必有所由起；祸之作，不作于作之日，亦必有所由兆。——苏洵
趋炎附势之祸，甚惨亦甚速；栖恬守逸之味，最淡亦最长。
——《菜根谭》
福莫福于少事，祸莫祸于多心。
——《菜根谭》
命由我作，福自己求。
——袁了凡
吃亏是福。——郑燮
势利祸之门。——陈子昂
福兮可以善取，祸兮可以恶召。
——刘禹锡

一念之欲不能制，而祸流于滔天。——薛瑄
结怨于人，谓之种祸；舍善不为，谓之自贼。——林逋
金性虽质，处剑即凶；水德虽平，经风即险。——庾信
招殃之端，莫狠于气性；避祸之法，莫过于忍让。——史襄哉
如愿便是幸福，满足便是幸福。——鲁迅
幸福是暴风雨中的搏斗，而不是月下弹琴、花下吟诗。
——丁玲
凡人对于谦德善行，都是恭敬欢喜；而对于骄满恶行，都是怨怒隐恨。那么天道的降福降祸，说是天道，实是人情；说是天降，实由自作啊！——聂云台
人们的灾祸常成为他们的学问。
——伊索
一个人的灾祸都是自己的过失造成的。
——弗朗索瓦·莫里亚克
祸与福的相倚相伏是一种耐人寻味而又几乎普遍存在的现象。
——查尔斯·里德
幸福没有明天，也没有昨天，它不怀念过去，也不向往未来，它只有现在。——屠格涅夫
一个理智之人的祸福，并不

取决于他自己的感觉，而是取决于他的行为。——马可·奥勒留

如果我们不能建筑幸福的生活，我们就没有任何权利享受幸福；这正如没有创造财富就无权享受财富一样。——萧伯纳

真正的幸福，并不固定在何处。你到处找不到它，但它却到处存在。虽然无法用钱买到它，却随时可以把它弄到手。——赫普

幸福的花朵就生长在我们自己家里的灶边，不需要到陌生的花园里去采摘。——弗洛伊德

长寿未必是福，短寿未必是祸。活得长久而死得安详，才是真幸福。——泰戈尔

别光羡慕他人幸福的外貌。因为，你并不知道他暗地里的悲伤。——但雷斯密

只要你有一件合理的事去做，你的生活就会显得特别美好。——爱因斯坦

所谓不幸福，就是不知自己要干些什么却又拼命地去追求。——赫罗尔德

当你幸福的时候，切勿丧失使你幸福的德行。——莫罗阿

倘若你想获得幸福，就该学学怎样让别人高兴。——蒲莱尔

幸福不是你经历的事情，而是你记得的事情。——利万特

人之幸福，全在于心之幸福。——歌德

幸福的人希望大家都幸福。——雨果

人是自身幸福的设计师。——培根

不欲求什么才是最大的幸福。——苏格拉底

若要使人幸福，须减其欲望，莫增其所有。——塞内加

有两条路可以得到幸福，即消除欲望或增加财富。——富兰克林

谁不知足，谁就不会幸福，即使他是世界的主宰也不例外。——伊壁鸠鲁

我学到了寻求幸福的方法：限制自己的欲望，而不是设法满足他们。——弥尔顿

世界上有这样一些有福的人：他们把自己的痛苦化作他人的幸福；他们挥泪埋葬了自己在尘世间的希望，它却变成了种子，长出鲜花和香膏，为孤苦伶仃的苦命人医治创伤。——斯托夫人

没有任何东西像幸福那样容易变得衰老。——奥斯卡·王尔德

没有完全的独立，就没有完

全的幸福。——车尔尼雪夫斯基

内向、宽厚和无私是幸福的三大要素。——马·阿诺德

幸福从来不像稳定那样受人欢迎。——格雷厄姆·格林

幸福不在于对抗，而在于协调。——纪德

对于平凡的人来说，平凡就是幸福。——尼采

我自己是凡人，我只要求凡人的幸福。——彼特拉克

只有通过比较，人们才能感到幸福。——托马斯·沙德威尔

幸福的人就是善于享受自然的恩惠的人，不幸的人就是没有能力利用自然的恩惠的人。
——霍尔巴赫

一个农夫和一个哲学家也许会同样满足，但绝不可能同样幸福。幸福是由多种愉快的自我意识组合而成的。
——塞缪尔·约翰逊

宇宙之间的节奏不知有多少种，幸福只是其中的一个节拍而已；人生的钟摆永远在两极中摇晃，幸福只是其中的一极；要使钟摆停止在一极上，只能把钟摆折断。——罗曼·罗兰

人类从来只有一种斗争，就是追求幸福的斗争，它存在于一切宗教与一切政府的深处。
——左拉

幸福就是至善。
——亚里士多德

人类幸福的两大敌人是痛苦和无聊。——叔本华

幸福有益于健康，悲伤却能发展思维。——普鲁斯特

无论帝王还是百姓，在自己家里能找到幸福的人为最幸福。
——歌德

一个人永远不会像他想象的那样痛苦，也不可能像他希望的那样幸福。——拉罗什富科

人在履行职责中得到幸福，就像一个人驮着东西，可心头很舒畅。人要是没有它，不尽什么职责，就等于驾驶空车一样，也就是说，白白浪费。
——罗佐夫

令人幸福的不是名声，而是能为他带来名声的东西。更正确地说，是他的气质及能力，为他造就了学术和德行上的名声，也令他真正幸福。——叔本华

我们在人生的历程中，不管犯了多少过错，产生过多少误解，然而，在过错和误解的空隙之中，不正闪烁着幸福之光吗？
——泰戈尔

要想得到幸福，人们就得尽可能地学会他们渴望知道的东西，练就能给他们带来幸福的本领。

——拉塞尔

人是自己幸福的工匠。

——梭罗

德行和智慧是人生的真正幸福。　　　——柏拉图

人类的一切努力的目的在于获得幸福。　　——欧文

幸福越与人共享，它的价值越增加。　　——森村诚一

真正的幸福只能来自一个丰富、坚强的内在精神世界。

——德田虎雄

卓尔不群、洁身自好、知足常乐，这三者意味着真正的幸福。

——安格尔

幸福是最珍贵的葡萄美酒，但对低级趣味的人来说，就味同嚼蜡了。　　——史密斯

真正的幸福只有当你真实地认识到人生价值时，才能体会到。

——穆尼尔·纳素夫

名与利

名如浮云聚散，利似流水去来。世人常为虚名所累，被厚利所困。智者看透：名不过是他人嘴里的称呼，利终究是身外之物。

为天地立心，为生民立命，为往圣继绝学，为万世开太平。

——张载

把你在社会上得到的地位、权力、财产、名声都拿走了，你还剩下什么？　——周国平

忘记自我利益，是圣人；摆脱私人利益，是伟人；看重自己利益，是凡人；忽略别人利益，是小人。　　——星云大师

君子欲成大器，必先六戒。第一戒：久利之事勿为，众争之地勿往。第二戒：勿以小恶弃人大美，勿以小怨忘人大恩。第三戒：说人之短乃护己之短，夸己之长乃忌人之长。第四戒：利可共而不可独，谋可寡而不可众。第五戒：天下古今之庸人，皆以一惰字致败；天下古今之才人，皆以一傲字致败。第六戒：凡办

大事，以识为主，以才为辅；凡成大事，人谋居半，天意居半。
——曾国藩

太上有立德，其次有立功，其次有立言。虽久不废，此之谓不朽。
——左丘明

天下熙熙，皆为利来；天下攘攘，皆为利往。
——司马迁

智者见利而思难，暗者见利而忘患。
——刘昼

慕虚名而处实祸。
——曹操

名，公器也，不可多取。
——庄子

荣名秽人身，高位多灾患。
——嵇康

利不可以虚受，名不可以苟得。
——挚峻

世上死生皆为利，不到乌江不肯休。
——冯梦龙

人生贵极是王侯，浮名浮利不自由。
——管道升

不就利，不违害；不强交，不苟绝。
——王通

有事之世易为功，无为之时难为名。
——《晋书》

营大者，不计小名；图远者，弗拘近利。
——《北史》

利名竭，是非绝，红尘不向门前惹。
——马致远

从来名利地，皆起是非心。
——于武陵

高名令志惑，重利使心忧。
——阮籍

凡今之人，急名与官。
——韩愈

圣人非不好利也，利在于利万人；非不好富也，富在于富天下。
——白居易

好目睫之利者，利在害中而不弃；好终身之利者，利在目睫而不为。
——庄元臣

但看古来盛名下，终日坎壈缠其身。
——杜甫

人生非金石，岂能长寿考？奄忽随物化，荣名以为宝。
——《古诗十九首》

利者，众之所逐；名者，众之所争；而德者，众之所归也。
——刘基

栖守道德者，寂寞一时；依阿权势者，凄凉万古。
——《菜根谭》

不受虚言，不听浮术，不采华名，不兴伪事。
——荀悦

树大招风风撼树，人为名高名丧人。
——吴承恩

功名富贵一时事，离合悲欢千古情。
——邢鹤

善不由外来兮，名不可以

虚作。　　　　　——屈原

争名者于朝，争利者于市。
　　　　　——《战国策》

功名自古是危机。——赵孟頫

利之所在，天下趋之。
　　　　　——苏洵

渔利者害多，务名者毁至。
　　　　　——申涵光

天下大利也，比之身则小；身之重也，比之义则轻。
　　　　　——《淮南子》

有志于道德，功名不足论也；有志于功名，富贵不足论也。
　　　　　——晁说之

不逆命，何慕寿；不矜贵，何羡名；不要势，何羡位；不贪富，何羡货。　　——列子

为名者否，为利者否，为忿者否，则国安于磐石。
　　　　　——荀子

先义而后利者荣，先利而后义者辱。　　　　——荀子

名不动志，利不动心。
　　　　　——《淮南子》

凡夫爱命，达士殉名。
　　　　　——曹植

俯观上路人，势利唯是谋。
　　　　　——曹植

若乎圣人，名无名，誉无誉。
　　　　　——何晏

上士忘名，中士立名，下士窃名。　　　——颜之推

功高而居之以让，势尊而守之以卑。　　——习凿齿

雁飞不到处，人被利名牵。
　　　　　——《名贤集》

任重道悠，利深祸速。
　　　　　——《后汉书》

胸中书卷云凌乱，身外功名梦等闲。　　——杨万里

人生富贵驹过隙，唯有荣名寿金石。　　——顾炎武

白衣苍狗变浮云，千古功名一聚尘。　　——张元干

举大体而不论小事，务实效而不为虚名。　——苏东坡

怒发冲冠，凭栏处、潇潇雨歇。抬望眼，仰天长啸，壮怀激烈。三十功名尘与土，八千里路云和月。　　　——岳飞

百年大小荣枯事，过眼浑如一梦中。　　——丘处机

岂不擎豪贤，我志非所求。
　　　　　——李攀龙

名与利，付之天。——管道升

人品之不高，总为一"利"字看不破。　　——王永彬

君子之为利，利人；小人之为利，利己。　——方孝孺

看明世事透，自然不重功名；

认得当下真,是以常寻乐地。

——陈继儒

惑人者无逾利也。利无求弗获,德无施不积。众逐利而富寡,贤让功而名高。利大伤身,利小惠人,择之宜慎也。天贵于时,人贵于明,动之有戒也。众见其利者,非利也;众见其害者,或利也。君子重义轻利,小人嗜利远信,利御小人而莫御君子矣。利无尽处,命有尽时,不怠可焉。利无独据,运有兴衰,存畏警焉。

——《止学》

功名富贵,直从灭处观究竟,则贪恋自轻;横逆困穷,直从起处究由来,则怨尤自息。

——《菜根谭》

名利最为浮世重,古今能有几人抛。

——廖匡图

四海为家,寸心不把名牵挂。

——罗贯中

富而好礼,孔子所诲;为富不仁,孟子所戒。盖仁足以长福而消祸,礼足以守成而防败。

——许名奎

余与琢堂冒雪登焉,俯视长空,琼花飞舞,遥指银山玉树,恍如身在瑶台。江中往来小艇,纵横掀播,如浪卷残叶,名利之心至此一冷。

——《浮生六记》

吾辈所恃,在自家本领足以垂之后代,不必傍人篱落,亦不屑与人争名。

——顾炎武

利一而害百,君子不趋其利;害一而利百,君子不辞其害。

——陈确

"利"之一字,是学问人品一片试金石。

——申居郧

使人有面前之誉,不若使人无背后之毁。

——陈继儒

今古销沉名利中。——杨慎

勿屈己以徇人,勿沽名而钓誉。

——詹天佑

物忌全盛,事忌全美,人忌全名。

——吕坤

把世情荣枯得失,看作行云流水。

——冯梦龙

众人之蔽在利欲,贤者之蔽在意见。

——黄宗羲

凡利之所在,当与人共分之;名之所在,当与人共享之。

——曾国藩

名利都是身外物,只有尽一人的心力,使社会上的人多得他工作的裨益,是人生最愉快的事情。

——邹韬奋

出了名的作者更易成为自己荣誉的囚犯。——吴冠中

名不争,利不争,心里自然清静得多。——杨沫

一切虚名都是经不起时间考验的。　　　——姚雪垠

乾坤容我静，名利任人忙。
　　　　　　　　——苏曼殊

声誉越高，自由度越小。
　　　　　　　　——张扬

身外之名，只是为社会上一般人所追求、惊叹，对个人本身的渺小与伟大都没有相干。
　　　　　　　　——傅雷

浮名浮利过于酒，醉得人心死不醒。　　　——杜光庭

立身苦被浮名累，涉世无如本色难。　　　——启功

名人以名而荣，名人也以名而毁。　　　　——贾平凹

我姓钱，但我不爱钱。我姓钱，但钱并不能使我快乐。
　　　　　　　　——钱学森

高官厚禄、养尊处优以及追名逐利，埋葬了多少富于创造力的生命。　　　——路遥

我们对采摘不到的葡萄，不但想象它酸，也很可能想象它是分外地甜。　　——钱锺书

社会上崇敬名人，于是以为名人的话就是名言，却忘记了他之所以得名是那一种学问或事业。
　　　　　　　　——鲁迅

所谓名誉者，是众人对于我的过人之处的承认。若我虽有过人之处，众人不愿意承认，则虽有过人之处，名亦不立。——冯友兰

我相信人性中对利益的追求、对自由的追求，只有与群体的利益和群体的认同契合的时候，人生才处于最佳的状态，过于偏向哪边都不能持久。——宁高宁

不朽之名誉，独存于德。
　　　　　　　　——彼特拉克

对名声的蔑视会导致对美德的蔑视。　　　——琼森

对名誉的欲望，是一切伟大心灵的本能。　　——伯克

风流人物的声誉不会维持很久，因为潮流会过去。
　　　　　　——拉布品耶尔

爱惜衣裳要从新的时候起，爱惜名誉要从幼小的时候起。
　　　　　　　　——普希金

财富就像海水：饮得越多，渴得越厉害。名望实际上也是如此。　　　——叔本华

坚持你的主义，主义重于生命；宁愿生命消失，只要声誉能够留存。　　——裴多菲

名声，你激励培养着纯洁的心灵，你是高尚者的最后一个弱点，鄙视欢乐，使人在艰苦中苦度时光。　　——弥尔顿

名望的滋味如此甘美，所以我们热爱自己接触到的与它有关的一切，甚至死亡。——帕斯卡

品行是一个人的内在，名誉是一个人的外貌。——莎士比亚

穿戴朴素而有声誉，胜于自诩富有而默默无闻。——伊索

名声是一座活动的桥梁，可以令人飞渡深渊。——巴尔扎克

名誉比生命宝贵。——莫里哀

名誉是生命之流中的泡沫。——泰戈尔

名誉能有力地激发欲望。——格雷厄姆·格林

人有一个好名声，就等于拥有一大笔财产。——托·富勒

声名也会成为一种巨大的障碍：如果我们追求它，就必须投身于这样一条道路——尽量满足人们的想象，避其所憎、投其所好。——斯宾诺莎

名誉虽然不是德行的真正原则和标准，但是它离德行的真正原则和标准最近。——约翰·洛克

一个人要无愧于心较容易，若要改变恶劣名声则难。——尼采

拥有一个好的名声比拥有金钱更显得重要。——赛勒斯

只有善行才会为你带来声誉。——萨迪

名誉过高，实在是一种重大的负担。——福尔特尔

人为了谋取私利是不惜一切代价的。——勃朗宁

追求功名几乎是崇尚优秀的代名词。——赫兹里特

诱惑你的是地位和名声，迷惑你的是主权。——乔伊斯

世界上有两根杠杆可以驱使人们行动——利益和恐惧。——拿破仑

利益以所有种类的语言发言，玩弄所有种类的人，甚至玩弄无私者。——拉罗什富科

人的天性，对于自己的事情总很难照一般的法则去判断，却喜欢为了自身的利益而破例。——车尔尼雪夫斯基

人应当把利己之心与利人之心理智地分清，在为自己谋利益时，不要损害他人。——培根

如果我们能替别人的利益着想，那么我们的事业才能繁荣。我们的事业繁荣了，就会给更多的人带来利益。——吉田忠雄

功名欲是人类一种不合情理的欲望，甚至连哲学家们自己似乎也极不愿意摒弃追求功名这个弱点。——蒙田

安与危

安时思危，危中求安。安逸如温水煮蛙，消磨斗志；危机似淬火砺剑，锻造锋芒。大智者在太平日备荒年，于动荡处见生机。居安思危，方得长久。

天下有三危：少德而多宠，一危也；才下而位高，二危也；身无大功而受厚禄，三危也。
——《淮南子》

国小而不处卑，力少而不畏强，无礼而侮大邻，贪愎而拙交者，可亡也。——韩非子

大名不可久荷，大功不可久任，大权不可久执，大威不可久居。——《资治通鉴》

身危由于势过，而不知去势以求安；祸积起于宠盛，而不知辞宠以招福。——陆机

君子避三端：避文士之笔端，避武士之锋端，避辩士之舌端。
——韩婴

人处忧患时，退一步思量，则可以自解，此乃处忧患之大法。
——黄宗羲

危急之际，唯有专靠自己，不靠他人为老实主意。——曾国藩

安而不忘危，存而不忘亡，治而不忘乱。——《周易》

居安思危，思则有备，有备无患。——左丘明

怀与安，实败名。——左丘明

驰马思坠。——《荆园小语》

经一番挫折，长一番知识。
——《荆园小语》

思危所以求安，虑退所以能进。——房玄龄

既明且哲，以保其身。
——《诗经》

慎重则必成，轻发则多败。
——苏东坡

不清不见尘，不高不见危。
——王充

覆巢之下，复有完卵乎？
——刘义庆

勿轻小事，小隙沉舟；勿轻小物，小虫毒身；勿轻小人，小人贼国。——关尹子

安者非一日而安也，危者非一日而危也，皆以积渐然，不可不察也。　　——《汉书》

路逢险处难回避，事到头来不自由。　　——《增广贤文》

常将有日思无日，莫把无时当有时。　　——《增广贤文》

忍得一时之气，免得百日之忧。　　——《增广贤文》

得宠思辱，安居虑危。
　　——《增广贤文》

病莫大于不闻过，辱莫大于不知耻。　　——王通

天下之事，成于惧而败于忽。
　　——吕祖谦

患生于所忽，祸起于细微。
　　——刘向

怒则思理，危不忘义。
　　——刘向

人取小，我取大；人视近，我视远；人动而愈纷，我静而自正；人束手无策，我游刃有余。
　　——冯梦龙

百人操兵而攻一虎者，虎胜；一夫荷锄而遇一虎者，人胜。
　　——杨万里

思其所以危，则安矣；思其所以乱，则治矣；思其所以亡，则存矣。　　——魏征

一不与俗人争利，二不与文人争名，三不与无谓人争气。
　　——张之洞

穷高则危，大满则溢，月盈则缺，日中则移。——《后汉书》

有味之物，蠹虫必生；有才之人，谗言必至。　——刘禹锡

存不忘亡，安必虑危。
　　——陈寿

畏危者安，畏亡者存。
　　——黄石公

居高无忘危，在上无忘敬。
　　——傅玄

兴必虑衰，安必思危。
　　——司马迁

道高益安，势高益危。
　　——司马迁

满当思溢，安必虑危。
　　——《辽史》

生于忧患，而死于安乐也。
　　——孟子

处满常惮溢，居高本虑倾。
　　——陈子昂

蹈危者，虑深而获全；居安者，患生于所忽。
　　——《新五代史》

夫存者非存，在于虑亡；乐者非乐，在于虑殃。——姜子牙

安危在是非，不在于强弱；存亡在虚实，不在于众寡。
　　——韩非子

安者非安，能安在于虑亡；乐者非乐，能乐在于虑殃。
——孙思邈

安不忘危臣所愿，常思危困必无危。
——周昙

有以无难而失守，有因多难而兴邦。
——陆贽

居高畏其危，处满惧其盈。
——陆景

危国无贤人，乱政无善人。
——黄石公

谁敢跟危险斗，谁就会在危险殃及他之前将其征服。
——西鲁斯

乱者思理，危者求安。
——柳宗元

危者望安，乱者仰治。
——陈寿

危险一旦被人藐视，就会逼上门来。
——西鲁斯

安全是中庸之道。——奥维德

最危险的敌人是阿谀奉承的人。
——塔西佗

聪明人脱险以后，一生都提防这种危险。
——伊索

常在危险中闯荡的人，不会把危险放在眼里。
——塞涅卡

船放在港口最安全，但那不是造船的目的。
——约翰·阿·谢德

生存的第一定律：没有什么比昨天的成功更加危险。
——托夫勒

悄悄行走的人才能安全，安全行走的人才能走得远。
——意大利谚语

就安全而言，与其白天身旁伴着一个凶手，不如夜里骑马兜风。
——司各特

害怕危险的心理比危险本身还要可怕一万倍。
——笛福

往危险那儿去的道路，永远光滑平直。
——莎士比亚

看起来并不危险的事，实际上却很危险。
——培根

能及时惧怕危险的人，危险很少殃及他。
——托·富勒

最大的危险是在胜利的那一瞬间。
——拿破仑一世

深谋远虑是安全之母。
——博克

生命一开始，就充满了危险。
——爱默生

遇到危险的时候，平常不能做的事情也能做出来。
——夏目漱石

与恶龙缠斗过久，自身亦成为恶龙；凝视深渊过久，深渊将回以凝视。
——尼采

理智的人面临危险，会急中

生智,可以说,比平时更聪明;好幻想的人面临危险,却只会产生一些不切实际的念头,这些念头固然勇敢,但常常很荒唐。
　　　　　　　　——司汤达
　　只有同那些心胸狭隘、对人耿耿于怀、除了报复没有别的事干的人打交道,才是危险的。
　　　　　　　　——巴尔扎克
　　人是架在深渊上的一条绳索,走过去是危险的,途中也是危险的,向后看是危险的,战栗停步也是危险的。对人来说,伟大的是桥而不是目的。　——尼采

　　我羡慕青春的活力,青年人什么也不看,也不考虑那么多,便扑向危险!　　——杜伽尔
　　天生追求危险的人,同时也具有面对危险的勇气。
　　　　　　　　——格勒特
　　危险如能预料,防范也就不难。　　　——莱·弗兰克
　　喜爱冒险的人将死于危险之中。　　　——罗伦哈根
　　不惜牺牲自己以图苟安的人,既不配享受自由,也不配获得安全。　　——富兰克林

生与死

　　生如夏花绚烂,死似秋叶静美。生死本是自然规律,何必终日忧惧?活着就当热烈绽放,离去亦要从容谢幕。参透生死,方能活出生命的重量与轻盈。

　　生活就是个缓慢受锤的过程。
　　　　　　　　——王小波
　　死生有命,富贵在天。
　　　　　　　　——孔子
　　未知生,焉知死。　——孔子
　　死而不亡者寿。　——老子
　　后其身而身先,外其身而身存。　　　　　——老子
　　出生入死。生之徒十有三,死之徒十有三;人之生,动之于死地,亦十有三。夫何故?以其生生之厚。　　——老子
　　死生,命也。其有夜旦之常,天也。人之有所不得与,皆

物之情也。　　——庄子

人生天地之间，若白驹之过隙，忽然而已。　　——庄子

方生方死，方死方生。
　　——庄子

生也死之徒，死也生之始，孰知其纪！人之生，气之聚也。聚则为生，散则为死。若死生为徒，吾又何患！故万物一也。
　　——庄子

生于忧患，死于安乐。
　　——孟子

尽其道而死者，正命也；桎梏死者，非正命也。——孟子

鱼，我所欲也；熊掌，亦我所欲也。二者不可得兼，舍鱼而取熊掌者也。生，亦我所欲也；义，亦我所欲也。二者不可得兼，舍生而取义者也。——孟子

生不如死，死不如生；来不知去，去不知来。——列子

人固有一死，或重于泰山，或轻于鸿毛。——司马迁

知死必勇。——司马迁

安则乐生，痛则思死。
　　——《汉书》

生有益于人，死不害于人。
　　——《礼记》

有生者必有死，有始者必有终，自然之道也。——扬雄

人见白头嗔，我见白头喜。多少少年亡，不到白头死。
　　——《增广贤文》

死生，天地之常理，畏者不可以苟免，贪者不可以苟得也。
　　——欧阳修

福寿康宁，固人之所同欲；死亡疾病，亦人所不能无。
　　——程登吉

生无益于时，死无闻于后，是自弃也。——陶侃

人生自古谁无死，留取丹心照汗青。——文天祥

一时人物风尘外，千古英雄草莽间。——萨都剌

壮心未与年俱老，死去犹能作鬼雄。——陆游

生前富贵草头露，身后风流陌上花。——苏东坡

物之有成必有坏，譬如人之有生必有死，而国之有兴必有亡也。——苏东坡

生当作人杰，死亦为鬼雄。
　　——李清照

男儿得死所，其重如山丘。
　　——屈大均

生为百夫雄，死为壮士规。
　　——王粲

君子不为苟存，不为苟亡。
　　——陈寿

生者为过客，死者为归人。
——李白

河清不可俟，人命不可延。
——赵壹

蚌死留夜光，剑折留锋芒。
——邵谒

有始者必有卒，有存者必有亡。
——葛洪

自古皆有死，莫不饮恨而吞声。
——江淹

士有忍死之辱，必有就事之计。
——《后汉书》

日薄西山，气息奄奄；人命危浅，朝不虑夕。
——李密

天地之性，惟人为贵，人之所贵，莫贵于生。
——孙思邈

天下至大，方身则小；生为重矣，比义则轻。
——《隋书》

吾不识青天高，黄地厚；唯见月寒日暖，来煎人寿。
——李贺

不以死生祸福累其心。
——王安石

生之谓来，死之谓往。往来之间，奚得奚丧？
——宋纁

生老病死相煎逼，积财千万总成空。
——《敦煌变文集》

自古怕死就会死，几多贪生不得生。
——洪秀全

生命是可爱的。但寒冷的、寂寞的生，却不如轰轰烈烈的死。
——巴金

死者倘不埋在活人的心中，那就真真死掉了。
——鲁迅

想到生的乐趣，生固然可以留恋；但想到生的苦趣，无常也不一定是恶客。无论贵贱，无论贫富，其时都是"一双空手见阎王"。
——鲁迅

生死本是一条线上的东西。生是奋斗，死是休息；生是活跃，死是睡眠。
——郭沫若

从自然科学看来，死，不过是把我们从自然那里借来的财富还给自然罢了。
——黄药眠

死亡和离别之所以如此可怕，只因为它们是永恒和暂时的孤独的源泉。
——黄秋耘

人死之后留下善行才值得称颂，没有人能带走自己一生经营的财富与盛名。
——蔡志忠

假如生命是无味的，我不要来生；假如生命是有趣的，今生已是满足的了。
——冰心

鱼生于水，死于水；草木生于土，死于土；人生于道，死于道。
——胡宏

人生的许多大困难，只要活着，没有什么是解决不了的。
——三毛

人是为活着本身而活着的，而不是为了活着之外的任何事物所活着。 ——余华

人生下来，造物主好像给了你一摞钞票，这摞钞票就是你一生的时间，钞票用完了，你的生命也就结束了。 ——宁高宁

你要活得随意些，你就只能活得平凡些；你要活得辉煌些，你就只能活得痛苦些；你要活得长久些，你就只能活得简单些。 ——席慕蓉

生活从来不是那么简单的梦想以及磨难，不是简单的所谓理想还有阴谋，生活不是那么简单的概念，真实的生活要过成什么样是要我们自己完成和回答的。 ——蔡崇达

当我们还活着的时候，我们可以用两个方法处理死亡：忽略死亡，或者正视自己的死亡，借着对于死亡所做的清晰思考，以减少死亡可能带来的痛苦。 ——索甲仁波切

有些人活得越久，会变得越愚蠢，因为他们为了逃避不可避免的死亡，就会变得越来越焦虑。这是多么痛苦的事啊！有些人一生都在异想天开，痴人说梦，渴望能够长生不老，这种观念使得他们无法活在当下。 ——索甲仁波切

生命从无到有，又从有走向无，生生死死，构成社会和世界。从人生无常这一点来说，人生有如梦幻。因此，一个人只有活得有声有色、有滋有味，才不枉到这世界上走一回。"浮生若梦""人生几何"，从生命的短暂性来说，人生的确是一场梦。因此，如何提高生活的质量，怎样活得有意义，便成了人们的一个永久的话题。"青山依旧在，几度夕阳红"，与永恒的自然相比，人生不过是一场梦。 ——史铁生

人人都不愿有死，人人都想不朽、永生，逃避此死的一关，这是世界人类思想史上最早共同遇到、共同要设法解决的问题。叔孙穆子对此曾发表了他极名贵的三不朽论，直到现在，还成为中国人的传统信仰……叔孙穆子则以在社会人群中立德立功立言为不朽，只能不朽在此人生圈子之内，不能逃离此人生圈子，在另一世界中获得不朽。 ——钱穆

死是一切悲哀的结束。 ——乔叟

死并不是人生最大的损失，虽生犹死才是。 ——卡曾斯

在我们所有的缺点中最严重的就是轻视自己的生命。

——蒙田

死不过是感觉的休息,冲动之线的中断,心的满足,或非常集中的终止,使肉体得到解放。

——奥勒留

如果你把死亡看作朋友,你就应张罗款待他;如果你把死亡当作仇敌,你就要准备去战胜他。

——弗·夸尔斯

当你解答了生命的一切奥秘,你就渴望死亡,因为它不过是生命的另一个奥秘。生和死是勇敢的两种最高贵的表现。

——纪伯伦

没有人想死。即使那些想上天堂的人,也想活着上天堂。

——乔布斯

提醒自己快死了,是我在人生中面临重大决定时所用过的最重要的方法。因为几乎每件事:所有外界期望、所有的名声、所有对困窘或失败的恐惧,在面对死亡时都消失了,只有最真实、重要的东西才会留下来。

——乔布斯

白活等于早死。 ——歌德

死是生命的重新开始。

——菲·贝利

谁怕死,谁就已经不再活着。

——左伊默

对死亡的恐惧比死亡本身更可怕。 ——赛勒斯

死亡是一种新关系的前奏。

——列夫·托尔斯泰

人人必死无疑,干嘛不快快活活活呢? ——尼采

死亡算不了什么,没有充分地生活才是可怕的。 ——雨果

死亡就是我们醒时所看见的一切,睡眠就是我们梦中所看到的一切。 ——赫拉克利特

生命的用途并不在长短,而在我们怎样利用它。许多人活的日子并不多,却活了很长久。

——蒙田

人只是到了坟墓的边缘才什么事都想通了。——亨利·亚当斯

死亡是一个原则对另一个原则的胜利。 ——巴尔扎克

死是令人伤心的事,而没有充分生活过的死更是令人难以忍受的。 ——弗洛姆

说到底,是对死的看法决定了我们在人生中所面临的所有问题的答案。 ——哈马舍尔德

倘若你曾在生者中间像晨星那样闪耀,那么此刻在死者群里你便会似晚星闪烁。 ——柏拉图

我离开这个人世就像是离开旅店而不是离开家，因为自然给我们的是一个暂居的客寓，而不是久居的处所。　　——西塞罗

能将自己的生命长存于他人的记忆中，生命就因此增长许多。光荣是我们获得的新生命，它弥足珍贵，不亚于天赋的生命。　　——孟德斯鸠

懦夫在他未死之前，已身历多次死的恐怖了。　　——恺撒

生命，是事物凭以保持其存在的一种力量。　　——斯宾诺莎

生命：一种不断地奋斗想获得更大的、沉思的力量。

——萧伯纳

我们的生命是无止境的，正如我们的视野是没有界限的一样。　　——维特根斯坦

痛苦和死亡是生命的一部分，抛弃它们就是抛弃生命本身。

——哈夫洛克·埃利斯

死亡使一个伟大的声音沉寂之后，他生前平淡无奇的话，都成了至理名言。　　——白朗宁

在宇宙的所有奖赏中，人类的生命是最稀有的、最复杂的、最珍贵的。　　——诺曼·卡曾斯

无数动物和植物天天都在消亡，沦为须臾即逝的牺牲品，但是，自然界凭借它那用之不竭的创造能力，一点也不少地又在别的地方造出了别的动物、植物，以填补所留下的空虚。　　——康德

以死来鄙薄自己，出卖自己，否定自己的信仰，是世间最大的刑罚、最大的罪过。宁可受世间的痛苦和灾难，也千万不要走到这个地步。　　——罗曼·罗兰

生和死是无法挽回的，唯有享受其间的一段时光。死亡的黑暗背景衬托出生命的光彩。

——桑塔亚那

一个老年人如果能有广泛的兴趣，学会关心他人，使自己的生活汇入到整个世界的生活中去，他就会像一滴水归入大海，慢慢地忘记了自己的存在，最终，也不会再有对死的恐惧。　　——罗素

生命之后有更宝贵的生命，子孙后代的一片月桂叶比今生大批的月桂树更有价值。

——史密斯

使生如夏花之绚烂，死如秋叶之静美。　　——泰戈尔

当你降生的时候，你在哭泣，而周围的人们在欢笑。当你即将离开这个世界的时候，周围的人们在哭泣，但你应该微笑。

——泰戈尔

谁能把生死置之度外，他就会成为新人。谁能战胜痛苦和恐惧，他自己就能成为上帝。

——陀思妥耶夫斯基

你热爱生命吗？那么就不要浪费时间，因为生命正是由时间组成的。　　——富兰克林

我们要努力把一生好好地度过，等到死的时候，那就连殡仪馆的老板也会感到惋惜。

——马克·吐温

一件无价之宝，人人生而有之，那就是人的最后一口气。

——马克·吐温

用不着费工夫考虑死亡，因为死亡无须我们帮忙就会想到我们。　　　——显克微支

在战场上，你只能死一次；在政界里，你能死好多次。

——彼得

死是伟大的、终极的，它是生命的延续。　——劳伦斯

死亡只有一个恐怖的原因，那就是它没有明天。——霍弗

死，不是死者的不幸，而是生者的不幸。　——伊壁鸠鲁

生命的全部奥秘在于为了生存而放弃生存。　——歌德

死是一种古老的玩笑，可是他对每个人都是新鲜的。——屠格涅夫

死亡是我们的朋友，不能取悦他的人，永远得不到安逸。

——培根

假如有人死，有人不死，那么死就是确实可怕的苦难了。

——拉布吕耶尔

对于一个知道如何生活的人来说，死神的名字是没有什么可怕的。　　　——爱默生

要多为活人想想，少为死人伤脑筋，因为死人有他们自己的天地。　　　——泰勒斯

死得及时是一种慰藉，何必惆怅；死得正当是一种义举，无须勉强。　——彼特拉克

考验一个人有无勇气，多半是看他敢不敢活，而不是看他敢不敢死。　——阿尔萨耶里

生活就像一座山坡。眼望着坡顶往上爬，心里会觉得很高兴，但一旦登上峰顶，马上就会发现，下坡路就在眼前。路走完了，死亡也就来了。上坡很慢，但下坡却很快。——莫泊桑

无所事事的人常因想到死亡而害怕，一旦投入紧急的行动，不管这个行动有多大危险，他们不再有工夫想到死亡。战场必定是人们最少想到死亡的场所之一，于是可以得出一个怪论：一

个人的生命越充实，就越不怕失去它。
　　　　　　　　——阿兰

　　有三件大事人类都要经历：出生、生活和死亡。他们出生时无知无觉，死到临头，痛不欲生，活着的时候却又怠慢了人生。
　　　　　　　——拉布吕耶尔

　　不论一个人有什么样的命运和名声，只要他死得伟大，那么他生前也一定是伟大的。
　　　　　　　　——爱·扬格

　　当我们存在时，死亡还没有到来，而当死亡降临时，我们已经不存在了。　——伊壁鸠鲁

　　只有在我们想活命的时候，死神才显示出恐怖的威势，当生命批准我们可以以死来解脱的时候，死神就变得无可奈何了。
　　　　　　　——武者小路实笃

　　害怕死亡，并不是想永远活着，而是为实现人生的使命。
　　　　　　　——武者小路实笃

　　不去想它，然后坦然接受——这是对待死亡最好的方法。
　　　　　　　　——帕斯卡

　　人生是真实的！人生是诚挚的！墓地并不是终点。
　　　　　　　　——朗费罗

　　生命每天都在向死亡接近。
　　　　　　　——菲德格斯

　　死并不可怕，可怕的是死得可耻。　　　　——米南德

　　我死的时候，不过死了一个过去。　　　——博尔赫斯

　　生则光荣，死则成仁，唯上智者能之。　——瓦鲁瓦尔

　　在死亡面前，志士和浪子的待遇是一样的。　——荷马

　　肉体的死亡无所谓，惧怕的是灵魂的死亡。——德富芦花

　　任何理解生命意义的人，决不会害怕死亡。——托·富勒

　　亲爱的朋友，所有的理论都是灰色的，而宝贵的生命之树常青。　　　　——歌德

　　一个人的死，与其说是他自己的事，不如说是他活着的亲友们的事。　——托马斯·曼

　　全世界的人们都习惯于互相祝愿长寿，这并不意味着对生命意义的了解，而是更多地出自人类的天性，即求生意识。
　　　　　　　　——叔本华

　　对不幸的人来说，死亡一点也不可怕！　　　——拉辛

　　根据别人的意志去死，等于死两次。　　　——贺拉斯

　　知识、爱情和权力是完整的生命。　　　——阿米埃尔

　　要像对待生命的最后一天那

样对待每一天。　　——西塞罗

死者的生命长存在生者的记忆中。　　——西塞罗

死亡是辛劳与苦难之后的休息。　　——西塞罗

死的临近应当使我们成为哲学家。　　——桑塔亚那

谁不尊重生命，谁就不配有生命。　　——达·芬奇

死亡不是邪恶，那它又是什么呢？它是人类拥有的唯一不受任何歧视的规律。　　——塞涅卡

世人难逃一死，死后的情况虽然难以捉摸，但一死是免不了的，咱们迟早会想到这一层，迟早要推测一下死后的境界。一个人的心思一转到这上面，过去的成功和快乐便不算什么了。
　　——萨克雷

倘若我们活在活着的人心里，那么我们就没有死去。
　　——金布尔

能在他所知的领域内留下影响的人，虽死犹生。　　——比洛

死是伟大的激情唯一纯洁、美丽的终结。　　——劳伦斯

不去想它，然后坦然接受，这是对待死亡最好的方法。
　　——帕斯卡

有两类人将饮恨而死：一类是空有钱财而未受用；一类是空有知识而未实践。　　——萨迪

很少有人认识死亡。人们通常并不是靠决心，而是靠愚钝、靠习惯来忍受它，大多数人赴死只是把它看作一件不得不接受的事实。　　——拉罗什富科

不怕死的人还会畏惧什么？
　　——席勒

病与康

病似警钟醒身，康如明镜照心。病时方觉呼吸贵，康日常忘作息珍。智者病前重调养，愚者愈后复纵情。身康不在求医日，而在无病自律时。

少肉多菜，少糖多果，少酒多水，少烟多茶，少盐多醋，少怒多笑，少衣多浴，少说多做，少停多动，少药多练。——俗语

生病是生活的一部分，是生命的一种体验。许多大智者都是在一次次生命的重创与濒临死亡的绝境之后，茅塞顿开，豁然开朗的。——陈染

善医者先医其心。——华佗

病从口入，祸从口出。
——傅玄

百病不愈，安得长生？
——葛洪

望闻问切四字，诚为医之纲领。——徐春甫

不治已病治未病，不治已乱治未乱。——《黄帝内经》

起居时，饮食节，寒暑适，则身利而寿命益。——管仲

疾不可为也！在肓之上，膏之下，攻之不可，达之不及，药不至焉，不可为也。——左丘明

病有总要，寒、热、虚、实、表、里、阴、阳八字而已。病情既不外此，则辨证之法，亦不出此。——程国彭

望而知之者，望见其五色，以知其病；闻而知之者，闻其五音，以别其病；问而知之者，问其所欲五味，以知其病所起所在也；切脉而知之者，诊其寸口，视其虚实，以知其病，病在何脏腑也。——扁鹊

与其救疗于有疾之后，不若摄养于无疾之先。——朱震亨

药虽有利，害亦随之，不可轻服，切嘱。——曾国藩

古云：三分医治，七分调养，信然。——王燕昌

自身有病自心知，身病还将心自医。——陈直

身体常使小劳，则百达和畅，气血常养，精神内生，经络运动，外邪难袭，譬如水流不腐，户枢不朽，皆因运动是也。——孙思邈

吃饭莫饱，走路莫跑，说话要少，睡觉要早，遇事莫恼，经常洗澡。——谢觉哉

心胸坦荡，意志坚强；经常运动，锻炼身体；起居有时，饮食节制；养花读书，修养心性。广交朋友，心系八方。——张学良

我发现春光是一种药，最能给人疗伤。——迟子建

医学要人活，救人的肉体；宗教救人的灵魂，要人不怕死。所以病人怕死，就得请大夫，吃药；医药无效，逃不了一死，就找牧师和神父来送终。学医而兼

信教，那等于说：假如我不能教病人好好地活，至少我还能教他好好地死，反正他请我不会错，这仿佛药房掌柜带开棺材铺子，太便宜了！ ——钱锺书

健康当然比金钱更为可贵，因为我们所赖以获得金钱的就是健康。 ——约翰逊

健康为最好的天赋，知足为最大的财富，信任为最佳的品德。 ——释迦牟尼

对人生来说，健康并不是目的，但它是第一个条件。
——武者小路实笃

我们要能工作，要有幸福，必须先有健康。 ——洛克

健康的乞丐比有病的国王幸福。 ——叔本华

没有什么比健康更快乐了，虽然他们在生病之前并不曾觉得那是最大的快乐。 ——柏拉图

第二辑　处世智慧

慢慢相遇，得到就珍惜，失去就忘记。

方与圆

方是原则,圆是变通。做人当方,处事需圆。刚直易折,柔曲常全。大智慧者外圆内方,既守底线,又懂周旋。方圆相济,方为处世之道。

江湖不是打打杀杀,而是人情世故。能应对就不容易,完全懂了那绝对不可能。打,那是土匪。 ——张作霖

走正确之路,放无心之手,结有道之朋,断无义之友,饮清净之茶,戒花色之酒,开方便之门,闭是非之口。 ——丰子恺

处乱世,能吃亏,是大便宜;能受苦,是大安乐;能争气,是大力量;能散财,是善聚守。 ——魏禧

不偏,不激,虽是中庸之道,却也是非常难得的道理,用之于年轻人,是最困难的。 ——叶紫

一个人要老实,但是不能太老实;一个人要认真,但又不能太认真。 ——曾仕强

能伸先要能屈,能飞还要能伏;能方妙在能圆,能直妙在能曲。 ——李惺

惟宽可以容人,惟厚可以载物。 ——薛瑄

处治世宜方,处乱世宜圆。 ——《菜根谭》

待善人宜宽,待恶人当严,待庸众之人宜宽严互存。 ——《菜根谭》

处世让一步为高,退步即进步的张本;待人宽一分是福,利人实利己的根基。——《菜根谭》

觉人之诈,不形于言;受人之侮,不动于色。此中有无穷意味,亦有无穷受用。 ——《菜根谭》

吾十有五而志于学,三十而立,四十而不惑,五十而知天命,六十而耳顺,七十而从心所欲不逾矩。 ——孔子

处世当以强为弱,以退为进,以苦为乐,此是涉世一极高明手段。 ——归终居士

君子和而不流，强哉矫！中立而不倚，强哉矫！——《中庸》

海纳百川，有容乃大；壁立千仞，无欲则刚。——林则徐

人情似纸张张薄，世事如棋局局新。——《升仙记》

为人必刚柔相济，外圆内方。——林语堂

毋意，毋必，毋固，毋我。——孔子

恭可平人怒，让可息人争。——史襄哉

水至清则无鱼，人太紧则无智。——《增广贤文》

力微休负重，言轻莫劝人，无钱休入众，遭难莫寻亲。——《增广贤文》

处事须留余地。——《格言联璧》

学一分退让，讨一分便宜；多一分享用，减一分福泽。——《格言联璧》

责人要含蓄，忌太尽；要委婉，忌太直；要疑似，忌太真。——吕坤

君子不镜于水，而镜于人。镜于水，见面之容，镜于人，则知吉与凶。——墨子

右手画圆，左手画方，不能两成。——韩非子

小事糊涂，大事不糊涂。——《宋史》

彼其能有所忍也，然后可以就大事。——苏东坡

待人要丰，自奉要约；责己要厚，责人要薄。——陈宏谋

必能忍人不能忍之触忤，斯能为人不能为之事功。——薛瑄

对失意人，莫谈得意事；处得意日，莫忘失意时。——《格言联璧》

方严是处人大病痛。圣贤处人，离一温厚不得。——吕坤

处人不可任己意，要悉人之情；处事不可任己见，要悉事之理。——吕坤

人好刚，我以柔胜之；人用术，我以诚感之；人使气，我以理屈之。——《格言联璧》

大着肚皮容物，立着脚跟做人。——《格言联璧》

不责人所不及，不强人所不能，不苦人所不好。——王通

性急则欲速，欲速则躐等，欲速躐等则终无所得。——谭嗣同

处内以睦，处外以义，检身以正，交际以诚，行己之道至矣。——林逋

处己以道，爱人以礼。处己以道故其心公，爱人以礼故

其情厚。　　　　　——王崇庆

富贵人不肯从宽，必遭横祸；聪明人不肯从厚，必夭天年。

——吴少贤

不要怕被别人利用，别人利用你，说明你还有用。

——杜月笙

做人有三碗面最是难吃：人面、场面、情面。　——杜月笙

一等人，有本事没脾气；二等人，有本事有脾气；三等人，没本事大脾气。　——杜月笙

倘要完全的书，天下可读的书怕要绝无；倘要完全的人，天下配活的人也就有限。——鲁迅

人世间真是难处的地方，说一个人"不通世故"，固然不是好话，但说他"深于世故"也不是好话。　　　　——鲁迅

这个世界最浅薄的关系就是：你没有随他的意，他就忘记你所有的好。人性就是这样，不记千般好，只记一时错。

——曾仕强

圆通就是随机应变，圆滑就是投机取巧。　——曾仕强

世上的人原本如此，要踩大家一起踩一个人，要捧起来争着捧。　　　　——亦舒

在中国的文化当中，我们吃饭也好，聊天也好，其实更多的是和局的游戏规则。——冯仑

一个人应该知道能够做什么，应该做什么，必须做什么，更应该知道不应该做什么，不要做什么。　　　——王蒙

人的确是这样，无论心理上还是生理上都会不自觉地适应环境、调整自己，在改变了的条件下找到自己最适合、最舒服的样子。　——宁高宁

我就佩服一种人：不说硬话，不做软事。态度该和气就和气，做事该硬气还硬气。人家不跟你急眼，但心里的主意比磐石还稳。这种人都是狠角色，纵然和善也无人敢欺。所以，你的原则，真的无须用疾言厉色来维护。　　　　　——苏岑

世态人情，比明月清风更饶有滋味，可作书读，可当戏看。书上的描摹，戏里的扮演，即使栩栩如生，究竟只是文艺作品；人情世态，都是天真自然的流露，往往超出情理之外，新奇得令人震惊，令人骇怪，给人以更深刻的效益，更奇妙的娱乐。唯有身处卑微的人，最有机缘看到世态人情的真相，而不是面对观众的艺术表演。　——杨绛

对人要和气,但不要狎昵。
——莎士比亚

温和比强暴更有希望获得成功。 ——拉·封丹

最高明的处世术不是妥协,而是适应。 ——吉姆梅尔

凡是有良好教养的人都有一禁诫:勿发脾气。 ——爱默生

好脾气是一个人在社交中所能穿着的最佳服饰。 ——都德

谁若想在困厄时得到援助,就应在平日待人以宽。——萨迪

我通常率性而为,如果有人看不惯我的作风,那就随便咯,我又不需要每个人都喜欢我。
——查理·芒格

无论你怎样地表示愤怒,都不要做出任何无法挽回的事来。
——培根

生气的时候,开口前先数到十,如果非常愤怒,先数到一百。 ——杰弗逊

借钱给仇人,仇人能成为友人;借钱给友人,友人能变成仇人。 ——富兰克林

我们常常原谅那些使我们厌烦的人,却不能原谅那些厌烦我们的人。 ——拉罗什富科

要是想认真完成一项必要的事业,为人既要灵活,又要有一副铁石心肠。 ——泰戈尔

有谦和、愉快、诚恳的态度,而同时又加上忍耐精神的人,是非常幸运的。——塞涅卡

凡事只要看得淡些,就没有什么可忧虑的了;只要不因愤怒而夸大事态,就没有什么事情值得生气的了。 ——屠格涅夫

一个人事业上的成功,只有百分之十五是由于他的专业技术,另外的百分之八十五要依赖人际关系、处世技巧。软与硬是相对而言的。专业的技术是硬本领,善于处理人际关系的交际本领则是软本领。 ——卡耐基

藏与露

藏是智慧,露是艺术。锋芒太露易折,才华尽藏则晦。处世要

懂：藏三分才情免招妒，露七分本事显担当。藏露之间，尽显人生境界。

鸷鸟将击，卑飞敛翼；猛兽将搏，弭耳俯伏；圣人将动，必有愚色。——姜子牙

善守者，藏于九地之下；善攻者，动于九天之上，故能自保而全胜也。——《孙子兵法》

柔弱胜刚强。鱼不可脱于渊，国之利器不可以示人。
——老子

处世忌太洁，至人贵藏辉。
——李白

用之则行，舍之则藏。
——孔子

行高于人，众必非之。
——李康

人心不同，各如其面。
——陈寿

外愚内智，外怯内勇，外弱内强。——陈寿

天可度，地可量，唯有人心不可防。——白居易

聪明过露者德薄，词华太盛者福浅。——申居郧

近来学得乌龟法，得缩头时且缩头。——《增广贤文》

终身让路，不枉百步；终身让畔，不失一段。——《新唐书》

君子在下位则多谤，在上位则多誉；小人在下位则多誉，在上位则多谤。——柳宗元

昔日，寒山问拾得曰："世人谤我、欺我、辱我、笑我、轻我、贱我、厌我、骗我，如何处治乎？"拾得云："只是忍他、让他、由他、避他、耐他、敬他、不要理他，再待几年，你且看他。"——《寒山拾得忍耐歌》

古之君子如抱美玉而深藏不市，后之人则以石为玉而又炫之也。——朱熹

气忌盛，心忌满，才忌露。
——吕坤

阅世虽深有血性，不使人世一物磨锋芒。——龚自珍

生不得志，攻苦食淡；孤臣孽子，卧薪尝胆。——许名奎

势不可使尽，福不可享尽，便宜不可占尽，聪明不可用尽。
——冯梦龙

正直无私，扬眉吐气；我不怕人，人皆敬我，就是天堂快乐之境。——戚继光

自家有好处，要掩藏几分，这是涵育以养深；别人不好处，

要掩藏几分,这是浑厚以养大。
——《格言联璧》

困心横虑,正是磨炼英雄,玉汝于成。李申夫尝谓余怄气从不说出,一味忍耐,徐图自强,因引谚曰:"好汉打脱牙和血吞。"此二语是余生平咬牙立志之诀。
——曾国藩

一生有"三怕":一怕工作少;二怕用钱多;三怕麻烦人。
——任弼时

人世间境遇何常?进一步想,终无尽时;退一步想,自有余乐。
——曹庭栋

才不宜露,势不宜恃,享不宜过。能含蓄退逊,留有余不尽,自有无限受用。——姚舜牧

小事情上傻一点。该健忘的就健忘,该粗心的就粗心,该弄不清楚的就弄不清楚,过去了的事就过去了。——王蒙

能真实地抵达这个世界的,能确切地抵达梦想的,不是不顾一切投入想象的狂热,而是务实、谦卑的,甚至你自己都看不起的可怜的隐忍。——蔡崇达

世界并不黑暗,也不危险,因为世界是我们的。世界上没有阴谋,因为我们没有阴谋。所以,我们用不着"世故",社会并不是万恶的,因为我们不"世故"。 ——汪曾祺

社会上的人大体上可以分为这么几类,一类是只琢磨事不琢磨人,他为的是什么呢,为的是事业;第二类人,只琢磨人不琢磨事,他把人际关系琢磨得透透的,然后他在人际关系上如鱼得水,游刃有余,这种人为的是当官;第三类人是只琢磨钱,人跟事他都不琢磨,他为的是发财;第四类人是既琢磨事又琢磨人,这就了不得了,这就能办成一些大事了。当然,还有一类人,是既琢磨事,又琢磨人,还琢磨钱,那就更不得了了。
——王立群

木秀于林,风必摧之。我们越发展,竞争对手实力越强,竞争就越困难。我们要有长期在思想上艰苦奋斗的准备。
——任正非

古人曾云:忍为众妙之门。事实上,对于人生种种不可躲避的灾祸和不可改变的苦难,除了忍,别无他法。 ——周国平

一个人应该像竹子那样,在急风暴雨中,随风前后摇摆,以化解强风的袭击,这样他才能生存下来。
——李小龙

聪明睿智，守之以愚；功被天下，守之以让；勇力抚世，守之以怯；富有四海，守之以谦。
——孔子

想做一件事时，尤其是想做一件大事时，连上帝都不要说，做成了再说。
——电视剧《繁花》

最高明的博弈手段，却是"成本一人承担，收益大家共享"。
——曹德旺

如果没有好的猎手，有肉的地方就有狼跟着！　——迟子建

勿因人之短护己之短，勿以人之短炫己之长。　——吴军

内藏严明，外露愚昧，这是贤者的作风。　——三木清

无法杀死我的，使我更加强大。　——尼采

动辄发怒是放纵和缺乏教养的表现。　——普卢塔克

让别人读出心事就像被人看到你手中的牌。
——查斯特菲尔德

要比别人聪明，但不要告诉人家你比他更聪明。
——查理德斐尔

一见面就问你谋生方式的人，本质上是在计算对你的尊重程度。
——罗素

每个人都有三种特性：一种是他显露出来的，一种是他所具备的，另一种是他自以为拥有的。
——卡尔

博弈就是根据自己所掌握的情况，在自身所处的环境中做出最佳选择的一种谋略。
——约翰·冯·诺依曼

人和人之间，最痛心的事莫过于在你认为理应获得善意和友谊的地方，却遭受了烦扰和损害。
——拉伯雷

我有一种本领，可以把我对许多事物的感觉深藏不露，但遇到我比平常更敏感的时刻，如果有人激怒了我，我就会比任何人爆发得更猛烈。
——贝多芬

出头露面的人是有福的。知道世人一定在瞧着他必须完成的事业，他从头到尾都干得挺有劲儿。然而这样的人更值得尊敬，他默默无闻地躲在暗地里，在漫长的辛苦的日子里无报酬地劳动，得不到光荣也得不到表扬，只有一种思想鼓舞着他的勤劳：他的工作对大众来说是有益的。
——克雷洛夫

言与默

言如春风可暖心，默似秋水能明志。该说时字字珠玑，当静处句句藏锋。社交应知言贵精不贵多，在喧嚣中守得住沉默，在寂静时发得出真声。

与智者言依于博，与博者言依于辩，与辩者言依于要，与贵者言依于势，与富者言依于高，与贫者言依于利，与贱者言依于谦，与勇者言依于敢，与愚者言依于锐。　　——鬼谷子

中人以上，可以语上也；中人以下，不可以语上也。
　　　　　　　　——孔子

是非只为多开口，祸乱都因硬出头。　　　——李宝嘉

逢人不说人间事，便是人间无事人。　　　——杜荀鹤

百战百胜，不如一忍；万言万当，不如一默。　——黄庭坚

巧者言，拙者默；巧者劳，拙者逸；巧者贼，拙者德；巧者凶，拙者吉。　　——周敦颐

宁有求全之毁，不可有过情之誉；宁有无妄之灾，不可有非分之福。　——《菜根谭》

非我而当者，吾师也；是我而当者，吾友也；谄谀我者，吾贼也。　　　　——荀子

高论而相欺，不若忠论而诚实。　　　　　——王符

兼听则明，偏信则暗。
　　　　　　　——司马光

处世戒多言，言多必失。
　　　　　　　——朱柏庐

多言不可与远谋，多动不可与久处。　　　——王通

莫道是非终日有，果然不听自然无。　　　——高明

谀言顺意而易悦，直言逆耳而触怒。　　　——欧阳修

逢人且说三分话，未可全抛一片心。　——《增广贤文》

是非只因多开口，烦恼皆因强出头。忍得一时之气，免得百日之忧。　——《增广贤文》

心术以光明笃实为第一，容

貌以正大老成为第一，言语以简重真切为第一。　——吕坤

说话到五七分便止，留有余不尽之意令人默会；做事亦须得五七分势便止，若到十分，如张弓然，过满则折矣。
——《庭帏杂录》

物朴乃存，器工招损。言拙意隐，辞尽锋出。识不逾人者，莫言断也。势不及人者，休言讳也。力不胜人者，勿言强也。王者不辩，辩则少威焉。智者讷言，讷则惑敌也焉。勇者无语，语则怯行焉。忠臣不表其功，窃功者必奸也。君子堪隐人恶，谤贤者固小人也矣。　——《止学》

发言须句句有着落方好。人于忙处，言或妄发，所以有悔。
——薛瑄

世道不到，话到口边留半句；人心难测，事当行处再三思。
——郑板桥

沉默是一种处世哲学，用得好时，又是一种艺术。
——朱自清

我选择沉默的主要原因之一：从话语中，你很少能学到人性，从沉默中却能。假如还想学得更多，那就要继续一声不吭。
——王小波

时间限制了我们，习惯限制了我们，谣言般的舆论让我们陷于实际，让我们在白昼的魔法中闭目塞听不敢妄为。——史铁生

凡对于以真话为笑话的，以笑话为真话的，以笑话为笑话的，只有一个办法，就是不说话。　——鲁迅

把想说的话，不管好听也好，不好听也罢，都直白地一次性说到位、说到底、说到最后。摊了底牌，反而能够达到互相理解、促进合作的效果。——冯仑

东西不在多少，话有时候多一句少一句可得掂量掂量。没有人会为多点东西、少点东西记住一辈子，可有时一句话能把人一辈子撂倒，一句话也能把人一辈子抬起来。　——《姥姥语录》

沉默容易使人跟朋友疏远。热烈的叙说和自由则使人们互相接近。　——巴金

好听的话越讲越多，一旦过了头，就不可收拾；一旦成了习惯，就上了瘾，不说空话，反而日子难过。　——巴金

语言是我们所知道的最庞大、最广博的艺术，是世世代代无意识地创造出来的无名氏的作品，像山岳一样伟大。——余秋雨

沉默有一种特别的力量，当一切喧嚣静息下来后，它仍然在工作着，穿透可见或不可见的间隔，直达人心的最深处。
——周国平

只有你自己敢于对人说真话，人家才敢于对你说心里话，你才能听到人家的真话。
——林放

夸赞别人，是种奇怪的经验，你夸赞别人越多，就会发现自己受惠也越多。 ——古龙

不要拿别人的不幸作为自己谈笑取乐的题目。 ——朱仲南

人言未必皆真，听话只听三分。 ——吕得胜

饶舌攻耳，谦逊攻心。
——罗伯特·索恩

沉默是睿智至高无上的回答。
——欧里庇得斯

健全的心灵从来不肯冷言冷语伤人。 ——莫里哀

沉默较之言不由衷的话更有益于社交。 ——蒙田

人们的吵架，先是以理由为对象，后来就以人为对象。
——蒙田

凡是喜欢教训别人的人，自己最不愿受到别人的教训。
——司各特

勿言人短。这不仅仅是道德，而且是处世的重要教训。
——森鸥外

不能用温和语言征服的人，用严肃的语言更不能征服。
——契诃夫

最爱发牢骚的人就是没有能力反抗、不会或不愿工作的人。
——高尔基

如果你想要说服别人，要诉诸利益，而非诉诸理性。
——富兰克林

切勿出言不逊。一旦骄傲的言辞冲口而出，就不易把它们追回。 ——桑德堡

谈吐是人的最好特征。只要你一开口，我就能知道你是什么样的人。 ——琼森

有三样东西是永远不会回来的：射出去的箭，说过的话，度过的日子。 ——道梅尔

对众人一视同仁，对少数人推心置腹，对任何人不亏负；要有能力抗衡你的敌人，但不要炫耀你的能力；对朋友应该开诚相与；宁可因寡言为人所责，不要因多言为人嗔怪。——莎士比亚

推心置腹的谈话就是心灵的展示。 ——温·卡维林

语言的真正用处，在于隐

匿，并不在于太多的表露。

——哥尔斯密

人，是活在人与人之间的动物，联系其间的则是言语。

——池田大作

言语之力，大到可以从坟墓唤醒死人，可以把生者活埋，把侏儒变成巨人，把巨人彻底打垮。

——海涅

话不像话最好不说，话不投机最好沉默。——萨迪

因为有言语，你胜于野兽；若是语无伦次，野兽就胜于你。

——萨迪

在要说一些事之前，有三件事要考虑：方法、地点、时间。

——萨迪

你在两个仇人之间说话要有分寸，以免他们和好后你将无地自容。——萨迪

智者说话，是因为他们有话要说；愚者说话，则是因为他们想说。——柏拉图

社交的秘诀，并不在于讳言真实，而是在讲真话的同时也不激怒对方。——荻原塑太郎

交际场上的高手一般不直截了当说出要说的字眼，而是含蓄地表达其意思。——爱默生

两个人交谈，一个人可以洗耳恭听。但是，三个人则无法互谈这人世最严肃且应深究的事。

——爱默生

不要背后议论，免得被人当作谣言的制造者。因为不说话是不会伤人的，而说长道短则会招惹是非。——第·加图

交谈是建立良好人际关系的基础，是促进人与人之间感情进一步融洽的润滑剂。

——铃木健二

切忌浮夸铺张，与其说得过分，不如说得不全。

——列夫·托尔斯泰

对别人的意见要表示尊重，千万别说："你错了。"

——卡耐基

用建议的方法，容易让一个人改正错误，可以保持个人的尊严和自觉。——卡耐基

人与人之间的关系是微妙的，不容易相处好的。有时小小的关心照顾成了人与人之间的润滑剂；相反，有时由于一时出口不慎，也会伤了对方的感情。

——德田虎雄

多数人嘴上漂亮的言辞就像战士在假日里插在枪口上的玫瑰花。——朗费罗

在你发怒的时候，要紧闭你

的嘴，免得增加你的怒气。

——苏格拉底

朋友的赞美所带来的快乐始终比自我赞美所产生的快乐更加纯真，因为朋友的称赞绝不会使你怀疑自己是否值得赞扬。

——爱德华·马什

为一件过失辩解，往往使这过失显得格外重大，正像用布块缝补一个小小的窟窿眼儿，反而欲盖弥彰一样。　——莎士比亚

我们赞扬或责备他人的依据，就是看谁为我们提供了更好的机会来表现我们的判断能力。

——尼采

有一些在推心置腹时所说的私房话，日后有被知己用来作为武器的危险。　——罗曼·罗兰

只有少数明智的人才愿听逆耳的忠言，而不愿听那些言不由衷的赞扬。　——拉罗什富科

讲话，即交谈，必须在一种融洽的气氛中进行，使人从心里感到平等。　——铃木健二

同意你讲的一切的人，不是傻瓜就是准备着要剥你的皮。

——哈伯特

赞美令我羞愧，因为我暗自乞求得到它。　——泰戈尔

有该说话的时候，也有该沉默的时候。　——卡克斯顿

人的思想应当开放，应当面向自己所属的世界，但是又不应当盲目从众，人云亦云，因为一个社会如果无个性就会变成蚁群。　——科恩

倾听是我们抚爱别人的最好方式。最有效的倾听是把全部注意力集中在谈话者身上。

——詹姆斯

向随便什么人征求意见，叙述自己的痛苦，这会是一种幸福，可以跟穿越炎热沙漠的不幸者，从天上接到一滴凉水时的幸福相比。　——司汤达

生活中最大的乐趣之一是交谈。　——洛根·史密斯

与任何娱乐相比，我更喜欢与一个朋友随意地交谈。

——休谟

沉默不只是尊严、庄重的态度，往往也是有益、周到的表现。

——古诺

没有沉默的对话不会产生任何成果，孕育的时刻是必须的。

——莫罗阿

性格暴躁的朋友们死去时，有件事会使你始终感到惊奇，即他们的沉默。　——本·赫克特

讲话犹如演奏竖琴，既需要

拨弄琴弦奏出音乐，也需要用手按住琴弦不让其出声。

——霍姆斯

沉默是弱者的智慧和策略，强者则敢于面对事实，直言不讳。因此，保持沉默是一种防御性的自全之术。

——培根

诚与诈

诚为立身之本，诈是取祸之端。真诚似玉，经磨愈润；奸诈如冰，见日即消。宁以拙诚处世，不以巧诈欺心。天地长久，唯诚能通神明，诈者终将自食其果。

君子坦荡荡，小人长戚戚。

——孔子

精诚所至，金石为开。

——范晔

诚无垢，思无辱。——刘向

人心恶假贵重真。

——白居易

不诚则有累，诚则无累。

——杨时

空口说白话，眼饱肚中饥。

——冯梦龙

夫高论而相欺，不若忠论而诚实。——王符

成书在理不在势，服人以诚不以言。——苏东坡

处己，事上，临下，皆当以诚为主。——薛瑄

生来一诺比黄金，那肯风尘负此心。——顾炎武

天地之所以不息，国之所以立，贤人之德业之所以可大、可久，皆诚为之也。

——曾国藩

我们应该顺应自然，立在真实上，求得人生的光明，不可陷入勉强、虚伪的境界，把真正人生都归幻灭。——李大钊

一个诚挚、热心，为光明而斗争的人，不能够不是刻苦而负责的。——鲁迅

蒙蔽是不能长久的。

——鲁迅

对人必须诚恳，即使有人欺瞒我于一时，我总能以"诚"字来感动他，使他心悦诚服。我的

处世之道，尽在一个"诚"字。
　　　　　　——杜月笙

"老实"就是不自欺欺人，做到不欺骗人家容易，不欺骗自己最难。　　——徐特立

天天作伪是最苦恼的事情，老老实实是最愉快的事情。
　　　　　　——邹韬奋

美好的东西时常是由于它的真诚。　　　　——傅雷

生活是欺骗不了的，一个人要生活得光明磊落。——冯雪峰

每一个有坏处的人，都有他值得同情和原谅的地方。——罗兰

真诚是使一个人伟大的基本力量，它使一个人的缺点或过失也变得能被原谅。　——罗兰

老实人之老实，在于不说假话；聪明的老实人，则话要说得准，不但内容准，而且时机、方式和分寸都要讲究，不随便说。
　　　　　　——徐懋庸

真正的真诚必然伴随着平等。平等是友爱的唯一可靠的基础，而友爱又给平等的感情增添更美丽的光彩。　——葛德文

在这个世界上，其实你能骗到的人，都是最相信你的人，最简单的道理，很多人却不明白。
　　　——电影《李可乐寻人记》

选择聪明过人、精力充沛的商业伙伴固然重要，但更重要的是，他们要正直诚信。
　　　　　——《纳瓦尔宝典》

诚实比一切智谋更好，而且它是智谋的基本条件。——康德

人们一旦开始说谎，就再也不知如何停止。——马克·李维

对人的热诚和照顾，应看作安慰，不应看成义务。
　　　　　　——菊池宽

不够真诚，是危险的；太过真诚，一定是致命的。
　　　　　　——王尔德

真实与朴实是天才的宝贵品质。　——斯坦尼斯拉夫斯基

只有真诚的人才会成为独创者。　　——托卡莱尔

真诚才是人生最高的美德。
　　　　　　——乔叟

对自己忠实，才不会对别人欺诈。　　——莎士比亚

许多誓言不一定可以表示真诚，真心的誓言只要一个就够了。
　　　　　　——莎士比亚

我希望我将具有足够的坚定性和美德，借以保持所有称号中我认为最值得羡慕的称号：一个诚实的人。　　——华盛顿

自己不能胜任的事情，切莫

轻易答应别人，一旦答应了别人，就必须实践自己的诺言。
——华盛顿

始终不渝地忠实于自己和别人，就能具备最伟大才华的最高贵品质。
——歌德

坦率要求在每一个思想里都坦率，不欺骗任何人，尤其在自己相信的事上不欺骗自己。可是坦率并不苛求我们去做办不到的事，它只是要求我们永远按照我们相信的事去行动。
——罗曼·罗兰

最可爱的人是心地单纯的人，谁也比不上他们。多交朋友主要不是靠头脑灵活，而是靠心地善良、单纯，性格热情、坦率，对这一点我深信不疑。
——奥古斯丁

不要对任何人抱有任何道德洁癖的希望，这个世界上的每个灵魂都半人半鬼，凑太近了，谁都没法看。
——东野圭吾

我这颗心，对一颗开诚相见的心，是极易流露的，对诡计和狡诈却要关上大门。
——卢梭

生命之最，在于交流；成功之最，在于自信；理解之最，在于真挚。
——爱默生

最真诚的慷慨就是欣赏。
——歌德

人与人之间最大的信任是对谏言的信任。
——培根

向真实前进的道路是严肃而险峻的。
——弥尔顿

真正打动人心的是认真二字、是真诚二字。
——池田大作

一个诚实的人，不论他有多少缺点，同他接触时，心情会感到清爽。
——池田大作

哪怕你身居高官显位，享尽荣华富贵，只要有虚饰，就绝对体味不到真正的幸福。
——池田大作

不知道并不可怕和有害。任何人都不可能什么都知道，可怕的和有害的是不知道却假装知道。
——列夫·托尔斯泰

生活中，谅解可以产生奇迹，谅解可以挽回感情上的损失，谅解犹如一个火把，能照亮由焦躁、怨恨和复仇心理铺就的道路。
——穆尼尔·纳素夫

正确的道路，乃是那条要求你在个人利益上做出最大牺牲、对别人有最大好处的道路。
——夏洛蒂·勃朗特

世间最纯粹、最暖人胸怀的乐事，莫过于看见一颗伟大的心灵对自己开诚相见。
——歌德

在我们对后代说"诚实为上

上策"之前，我们必须使世界变得诚实。 ——萧伯纳

你要是一点都不考虑别人，你就无法快乐地度过一生。
——萧伯纳

要知道，爱找别人阴暗面的人，自己也常常失掉光芒。
——高尔基

只有相互让步，生活才能在社会中继续下去。
——塞缪尔·约翰逊

任何人的错误我都可以原谅，唯独不能原谅我自己的。
——普卢塔克

以为人人都正直，那是愚蠢的；以为根本没有正直的人，尤其愚蠢。 ——约翰·亚当斯

对自己忠实，才不会对别人欺诈。 ——莎士比亚

心胸的豁达能够修补专事诽谤的恶舌。 ——荷马

当信用消失的时候，肉体也就没有了生命。 ——大仲马

真正的伟人常常是平凡的，他们的行为既不做作，也不虚饰。
——克雷洛夫

我宁愿以诚受到一百个敌人的攻击，也不愿以伪善获得十个朋友的赞扬。 ——裴多菲

对一个人来说，最重要的是说真话，然而，真话却十分容易被人歪曲得不成样子。
——菲德鲁斯

青年人应当不伤人，应当把各人所得的给予各人，应当避免虚伪与欺骗，应当显得恳挚悦人，这样学着去行正直。
——夸美纽斯

诚实是力量的一种象征，它显示着一个人的高度自重和内心的安全感与尊严感。
——艾琳·C.卡瑟拉

诚实而无知，是软弱的、无用的；然而有知识而不诚实，却是危险的、可怕的。 ——约翰逊

当一个人是一个真正的人的时候，他应当在大言不惭和矫揉造作之间保持等距离。既不夸夸其谈，也不扭捏取宠。 ——雨果

恐怕我们先得让世人都诚实，然后才能问心无愧地对我们的孩子说：诚实是上策。
——萧伯纳

谁告诉我真话，即使他的话里藏着死亡，我也会像听人家恭维我一样听着他。 ——莎士比亚

我不愿卖弄任何东西，只想真实地表现自我，表现我的本来面目。 ——蒙田

虚伪永远不能借它生长在权

力中而变成真实。——泰戈尔

欺人只能一时，而诚实却是长久之策。——约翰·雷

想做老实人，什么时候开始都不迟。——塞内加

伟大的诚实是雄辩的利斧。——罗曼·罗兰

诚实的人从不为自己的诚实而感到后悔。——托·富勒

我要求别人诚实，我自己就得诚实。——陀思妥耶夫斯基

没有什么手段比说谎更下贱、更可怜、更卑鄙了。
——杰弗逊

诚挚坦然的态度比处处提防他人的态度有益得多。
——罗杰斯

诚实的人必须对自己守信，他的最后靠山就是真诚。
——爱默生

被人揭下面具是一种失败，自己揭下面具则是一种胜利。
——雨果

你在个人生活或工作当中，可能由于诚实而丢掉某些你想要的东西。但是，在漫长的人生旅途中失掉一次应有的回报算不了什么。——艾琳·C.卡瑟拉

你的良知在说什么？"你要成为你自己。"——尼采

对他人的公正就是对自己的施舍。——孟德斯鸠

人——要保持自己真正的面目。——易卜生

忠诚需要完完全全的真实。
——夏尔丹

完全忠实于自己，丝毫不隐瞒自己，这是一道很好的练习题。
——弗洛伊德

真正的魅力是真诚的自我表露。当你把自己独有的一面显示给别人，魅力就随之而来。
——索菲娅·罗兰

诚实，像我们所有的节操一样，应当分成消极的与积极的两类。消极的诚实便是西卜女人那一种，在没有发财的机会时，她是诚实的。积极的诚实是每天受着诱惑而毫不动心的，例如收账员的诚实。——巴尔扎克

一清如水的生活，诚实不欺的性格，无论在哪个阶层里，即便心术最坏的人也会对之肃然起敬。——巴尔扎克

痛苦也有它的庄严，能够使俗人脱胎换骨。要做到这一步，只要做人真实就行。——巴尔扎克

在人与人的交往中，忠实、真诚、正直对于人的幸福而言是至为重要的。——富兰克林

诚实和勤勉，应该成为你永久的伴侣。　　——富兰克林

没有诚实何来尊严？

——西塞罗

诚实的人哪怕是得罪人，也要讲真话。　——威·哈兹里特

诚实比一切智谋都好，而且它是智谋的基本条件。——康德

说真话是一种义务，而且这对他们也是更有利的。

——德谟克利特

真实是我们所拥有的最有价值的品性。有效地使用它吧！

——马克·吐温

真诚是一种心灵的开放。

——拉罗什富科

常常对别人不诚恳的人，最后对自己也不会诚恳。

——拉罗什富科

女人的诚实来自她对名声的珍惜和对内心宁静的渴求。

——拉罗什富科

一个人决不应为自己在坦率上所犯的错误感到后悔。

——亨利·詹姆斯

世界上没有比说真心话更困难的事了，但也没有比阿谀奉承更容易的事。——陀思妥耶夫斯基

除非你的话能给人以安慰，否则最好保持沉默；宁可因为说真话负罪，也不要说假话开脱。

——萨迪

爱与恨

爱似暖阳育万物，恨如烈火焚自身。爱能化敌为友，恨会使亲成仇。智者以爱消弭怨怼，愚者因恨困锁心神。人生百年，何不携爱同行？恨意不过是对自己的惩罚。

爱越分越多，爱是个银行，不怕花钱，就怕不存钱。

——《姥姥语录》

一恨书囊易蛀，二恨夏夜有蚊，三恨月台易漏，四恨菊叶多焦，五恨松多大蚁，六恨竹多落叶，七恨桂荷易谢，八恨薜萝藏虺，九恨架花生刺，十恨河豚多毒。　　　——张潮

同于我者，何必可爱；异于

我者，何必可憎。——仲长统

以色事人者，色衰而爱弛，爱弛而恩绝。——《汉书》

贫贱之交不能忘，糟糠之妻不下堂。——《后汉书》

饮食男女，人之大欲存焉。——《礼记》

爱而知其恶，憎而知其善。——《礼记》

青青子衿，悠悠我心。纵我不往，子宁不嗣音？——《诗经》

一日夫妻，百世姻缘。百世修来同船渡，千世修来共枕眠。——《增广贤文》

克明俊德，以亲九族；九族既睦，平章百姓；百姓昭明，协和万邦；黎民于变时雍。
——《尚书》

情滥无行，欲多失矩。其色如一，鬼神莫测。上无度失威，下无忍莫立。上下知离，其位自安。君臣殊密，其臣反殃。小人之荣，情不可攀也。情存疏也，近不过己，智者无痴焉。情难追也，逝者不返，明者无悔焉。多情者多艰，寡情者少艰。情之不敛，运无幸耳。——《止学》

千里姻缘一线牵。
——《玄怪录》

不是姻缘莫强求。——李渔

结发为夫妻，恩爱两不疑。
——苏武

郎骑竹马来，绕床弄青梅。
——李白

夫妇之道，有义则合，无义则离。——班固

东边日出西边雨，道是无晴却有晴。——刘禹锡

天长地久有时尽，此恨绵绵无绝期。——白居易

诚知此恨人人有，贫贱夫妻百事哀。——元稹

还君明珠双泪垂，恨不相逢未嫁时。——张籍

相思本是无凭语，莫向花笺费泪行。——晏几道

相见争如不见，有情何似无情。——司马光

奉劝世间夫妇，固不可彼此相仇，亦不可过于情笃。语云"恩爱夫妻不到头"。
——《浮生六记》

围在城里的人想逃出来，城外的人想冲进去，对婚姻也罢，职业也罢，人生的愿望大都如此。
——钱锺书

情人的吵架是不会长久的，撒过了娇，流过了眼泪，旁人还在着急的时候，他们自己却早已是没事人了。——冰心

"爱"的确是奇妙的,有时很甜蜜,有时很痛苦,有时也很害怕——它不但能令人变成呆子,也能令人变成瞎子。　　——古龙

爱情,如果不落实到穿衣、吃饭、数钱、睡觉这些实实在在的生活里去,是不容易天长地久的。
　　——三毛

当你真正爱一个人的时候,你会忘记自己的苦乐得失,而只是关心对方的苦乐得失。
　　——罗兰

世界不大,我可以哪里都不去,我可以在这里,只看着你,直到一切老去。　——蔡崇达

爱就是生的一种方式。
　　——沈从文

婚前只是爱情,婚后是爱情加义务。　　　　——汤涛

恋爱人人都会,可是不见得人人都懂。　　　——庐隐

仇的另一端是爱,它们的两端是可以折回来碰到一处,成为一个圈圈的。　——老舍

没有经历过爱情的人生是不完整的,没有经历过痛苦的爱情是不深刻的。　——汪国真

爱情使一个人抛舍了自己的一半给爱人,又从爱人那里得到了新的一半。　——陈超南

不论什么鞋,最重要的是合脚;不论什么样的姻缘,最美妙的是和谐。　——毕淑敏

夫妻之间,或爱人之间,一旦在人格上瞧不起对方,爱情就要取消。　　　——柏杨

以恨还恨,恨永远存在;以爱还恨,恨自然消失。
　　——释迦牟尼

新的爱情最令人高兴,长久的爱情最伟大,而旧梦重温的爱情则是世界上最温柔亲切的东西。
　　——哈代

有人说,女人是用耳朵恋爱的。可男人如果会产生爱情的话,却是用眼睛来恋爱的。
　　——王尔德

恋爱是魔鬼、火、天堂、地狱。快乐和痛苦,悲伤和后悔都居住在那里。　——巴恩弗尔德

爱情既是友谊的代名词,又是我们为共同的事业而奋斗的可靠保证。　　——法拉奇

爱情里要是掺杂了和它本身无关的算计,那就不是真正的爱情。　　　——莎士比亚

强烈的爱呵!它会使畜生变成人类,也会使人类变成畜生。
　　——莎士比亚

爱是宜人的,恨则是令人烦

恼的。　　　——亚当·斯密

为爱赌气，就丧心病狂了。

——塞万提斯

憎恨是心的疯狂。　——拜伦

你问："爱是什么？"那是被雾遮掩的一颗星星。——海涅

恋爱中的人总是要么一切都不怀疑，要么怀疑一切。

——巴尔扎克

人们常常责难爱是盲目的，然而却忘记了憎恨比它更盲目。

——康德

年轻的夫妻，争吵是爱情的纠葛，而上了年纪之后的夫妻，争吵则令人心灰意冷。——石川达三

相爱而不能相见的人们，有千百种虚幻而真实的东西来骗走离愁别恨。　　　——雨果

观察一个人，最好观察他怎样恋爱。　　——高尔斯华绥

恋爱的真正价值在于强化一般的生命力。　　——华莱理

凡是思考恋爱是什么的人，他已经不会恋爱了。——柯杰夫

有一位哲人这样说："人若怕你，就不会真正爱你。"

——乔叟

恋爱是对异性美所产生的一种心理上的燃烧的感情。

——萧伯纳

青年男女的恋爱，事先应要求严谨，事后应互相宽容。

——福楼拜

恋爱比结婚更令人感兴趣，就像小说比历史更有趣一样。

——尚福尔

恋爱，是打开人世秘密之钥匙，有了恋爱之后才有了人世。

——大井正

所谓恋爱，一言以蔽之，就是想占有爱恋者的一切的这种欲望。不仅仅是一部分，而是一切，是想把他的一切占为己有的冲动。爱情越炽烈，这种冲动就越强。　　　——远藤周作

恋爱除了给人在心理上的积极作用外，还可因男女双方情感上的交流及相互关怀而打破人与人之间的孤独和疏离感。

——弗洛伊德

当我们在恋爱时，总想尽量隐藏自己的缺点，这并不是由于虚荣的缘故，而是担心所爱的人会苦恼。真的，恋人们都想表现得像个上帝，而这和虚荣无关。

——尼采

所谓恋爱过程，实际上就是不断地调整、修改自己理想的过程，是你的理想与你寻找的客观对象相互适应的过程。——基尔·凯丝勒

恋爱应当使生命增添活力，工作有干劲，同周围的人更加亲近，这才是它的真正意义。

——池田大作

相互之间没有爱情的结婚，是充满杀机的结合。

——池田大作

一个人在恋爱的时候，是不需要别人指点的。

——亨利·詹姆斯

爱情是一场决斗。如果你左顾右盼，你就完蛋了。

——罗曼·罗兰

爱的真谛就是精神的火焰。

——保罗

憎恨会使人盲目。

——王尔德

失去了爱，你的生活就离开了轨道。　　——拿破仑

一种真心的爱慕发出的时候，常常激起别人的爱慕。

——但丁

失掉母爱最可怜，失掉妻爱最凄凉，失掉友爱最孤单。

——左拉

我们能爱恨我们的人，但无法爱我们恨的人。

——列夫·托尔斯泰

只要从爱出发，不论做了什么事情，均是超于善、超于恶之上的。　　——尼采

恋爱是感情上永恒的音乐，给青年人以彩色，给老年人以光辉。

——史迈尔

一个恋爱着的人，可比魔鬼和天使更有力量，能够做到一切啊！　　——海泽

看中了就不应太挑剔，因为爱情不是在放大镜下做成的。

——托马斯

我们之所以爱一个人，是由于我们认为那个人具有我们所尊重的品质。　　——卢梭

我告诉你憎恨什么：憎恨虚伪，憎恨假仁假义，憎恨偏执、压迫与不平。　　——罗伯逊

爱的对象应该是品格端正的人，以及小有缺陷而肯努力上进的人，这才是应该保持的爱情，才是起于天上爱神的那种高尚优美的爱情。　　——柏拉图

我们爱慕一个女子是爱她现在的样子，我们爱慕一个青年男子是着眼于他的前途。——歌德

女人总是比男人更讲究物质。我们把恋爱看得很伟大，她们却总是很实际。——列夫·托尔斯泰

假如你遭遇了悲痛的事，就必须从那里学习怎样去爱人。

——仓田百子

不论是谁，过了四十岁还没有厌恶过人的人，足证他绝不曾爱过。　　　——亨福尔

几千年来，女子喜爱强壮勇敢的男子，而男子看中漂亮温柔的女子。这几乎是双方亘古不变的共同理想。　——奥·瓦西列夫

心灵的爱才是永恒的爱。
　　　　　　　　——果戈理

憎恨他人，远比爱自己明显得多。　　　　——华雷利

如果没有人爱你，那当然是你自己的过失。　——拉妮

要真正了解某个人，需要爱过他，也恨过他。　——儒昂多

爱有如宿在花冠上的露珠儿，宿在清纯心灵的深处。——拉姆涅

真正的爱是稀世珍品，财富买不到，权势也占不了。
　　　　　　　　——汤玛斯

爱情应该是以忘我为前提的，并要为自己所爱的对象谋求幸福。　　　　——雪莱

爱情是人类整个感情世界中欲望最为强烈的一种情感。
　　　　　　——尤·留里科夫

凡是可怜的、遭难的女子，她的心等于一块极需要爱情的海绵，只消一滴感情，立刻膨胀。
　　　　　　　　——巴尔扎克

爱是一种心情，是要把所爱的对象置于自己的跟前、身边，希望自己与对方协同一体。
　　　　　　　　——今道友信

爱情的快乐不能在激情的拥抱中告终。爱，必须有恒久不变的特质，要爱自己，也要爱对方。
　　　　　　　　——波普尔

爱情之所以有价值，是因为它促进了一切最大的快乐，诸如对音乐、高山、日出以及皓月当空的大海的欣赏。一个从未和自己所爱的女子一起欣赏过美好事物的人，便不能充分体会到这些事物具有的神奇魅力。　——罗素

真有名目的仇恨，一朝达到了目的，恨意就会慢慢淡化。但为了无聊而作恶的人是永远不肯罢休的，因为他们永远无聊。
　　　　　　　——罗曼·罗兰

青年男子谁不善钟情？妙龄女子谁不善怀春？这是人性中的至神至圣。　　　——歌德

爱一个人就是帮助他回到自己，使他更是他自己。
　　　　　　——梅尔勒·塞恩

如果你没有感受到孤独和绝望，你是不会知道爱是怎么回事的。　　　——克雷洛夫

在感情的世界里，尽管高山阻

隔，情高意真的人自会心有灵犀。
　　——茨威格

　　最能克服憎恨的不是暴力，最能医治创伤的也不是复仇。
　　——夏洛蒂·勃朗特

　　爱情是真实的，是持久的，是我们所知道的最甜也最苦的东西。　　——夏洛蒂·勃朗特

　　爱上某人不只是一种强烈的感情，还是一种决定、一种判断、一种承诺。　　——弗洛姆

　　恨由于互相的恨而增加，但可为爱而消灭。　——斯宾诺莎

　　选择你所喜爱的，爱你所选择的。　　——列夫·托尔斯泰

　　憎恨是平息下来的愤怒。
　　——西塞罗

　　互爱，这就是仇恨同一个敌人。　　　　　　——萨特

　　真正的爱情是双方互相"无条件投降"。　　——福楼拜

　　恨，能挑起一切争端；爱，能遮掩一切过错。
　　——《旧约全书》

　　不能恨就不能真挚地爱，必须把灵魂分为两半，一定要透过恨才能爱。　　——高尔基

　　当夫妻双方通常同时感到有必要吵一架时，他们就是十分般配的一对。　　——罗斯塔

　　人的恨比爱更坚定，如果我讲过一句话伤害了某个人，我再对他讲多少好话也无济于事。
　　——博斯威尔

　　爱与憎在本质上是同一种感情，只不过前者是积极的而后者是消极的而已。　——格劳斯

　　和最高尚的美德以及最凶恶的狗一样，最大的仇恨也是默不作声的。　　　——里克特

　　憎恨是要加害于别人并继续增加与扩大的一种欲望。
　　——芝诺

　　懦夫一旦受到威胁，就只会以憎恨作为报复。　——萧伯纳

　　一切伟大的艺术都是从仇恨中萌生的。　——欧文·斯通

　　不听智者劝，不听老人言，悔恨就要在眼前。——布莱希特

　　一个人一旦被人憎恨，他的善举和恶行就会一起压迫着他。
　　——琼森

　　当我们的恨太活跃时，它就把我们降低到我们所恨的人之下。　　——拉罗什富科

　　愤恨是毒化精神的毒剂，它使人得不到快乐，并且把争取成功的巨大能量消耗殆尽。
　　——马尔兹

　　对人怀恨就好比为赶走一只

耗子而焚掉自己的家一样。
——福斯迪克

悔恨在顺利时入睡，在逆境中苏醒。——卢梭

一个真正的人对谁都不应该恨。——拿破仑

憎恨使人眼瞎。——王尔德

聚与散

聚是缘分，散是天意。相聚时珍惜，离散时从容。月有阴晴圆缺，人有悲欢离合。聚散之间，方显情谊深浅；来去之际，才懂缘分真谛。

人生知己无二三，不如意事常八九，就是最好的朋友，最后也是各归各，因为情况太复杂了。——金宇澄

瞧这些白云，聚了又散，散了又聚，人生离合，亦复如斯。
——金庸

我住长江头，君住长江尾。日日思君不见君，共饮长江水。
——李之仪

人有悲欢离合，月有阴晴圆缺，此事古难全。——苏东坡

有缘千里能相会，无缘对面不相逢。——《张协状元》

梧桐树，三更雨，不道离情正苦。——温庭筠

人生结交在终始，莫为升沉中路分。——贺兰进明

曾经沧海难为水，除却巫山不是云。——元稹

人面不知何处去，桃花依旧笑春风。——崔护

莫愁前路无知己，天下谁人不识君。——高适

此夜断肠人不见，起行残月影徘徊。——顾况

独在异乡为异客，每逢佳节倍思亲。——王维

劝君更尽一杯酒，西出阳关无故人。——王维

得成比目何辞死，愿作鸳鸯不羡仙。——卢照邻

多情只有春庭月，犹为离人照落花。——张泌

花径不曾缘客扫，蓬门今始为君开。　　——杜甫

烽火连三月，家书抵万金。　　——杜甫

鸿雁在云鱼在水，惆怅此情难寄。　　——晏殊

天涯地角有穷时，只有相思无尽处。　　——晏殊

两情若是久长时，又岂在朝朝暮暮。　　——秦观

多情自古伤离别，更那堪、冷落清秋节！　　——柳永

自君之出矣，明镜暗不治。思君如流水，何有穷已时。　　——徐干

作为一个人，要是不经历过人生的悲欢离合，不跟生活打过交手仗，就不可能真正懂得人生的意义。　　——杨朔

曾经有一份真诚的爱情摆在我的面前，但是我没有珍惜。等到了失去的时候才后悔莫及，尘世间最痛苦的事莫过于此。如果上天可以给我一个机会再来一次的话，我会跟那个女孩子说"我爱你"。如果非要把这份爱加上一个期限，我希望是一万年！　　——电影《大话西游》

当陪你的人要下车时，即使再不舍也要心存感激，笑着挥手道别，他只是陪你到了他力所能及的地方！　　——宫崎骏

友与敌

友如明灯照前路，敌似砺石磨锋芒。真朋友雪中送炭，假朋友笑里藏刀。智者化敌为友，愚者树敌自困。世间没有永远的敌人，只有被误解的朋友。宽厚待人，死敌也能成为挚友。

八交：胜己者；盛德者；趣味者；肯吃亏者；直言者；志趣广大者；惠在当厄者；体人者。

九不交：志不同者；谀人者；恩怨颠倒者；不孝不悌者；迁人者；落井下石者；好占便宜者；德薄者；全无性情者。
　　——曾国藩

一死一生，乃知交情；一贫一富，乃知交态；一贵一贱，交情乃见。　　——司马迁

结交须胜己，似我不如无。但看三五日，相见不如初。
　　　　　　——《增广贤文》

交一个读书破万卷的邪士，不如交一个不识一字的端人。
　　　　　　——《格言联璧》

君子与君子，以同道为朋；小人与小人，以同利为朋。
　　　　　　——欧阳修

人生交契无老少，论交何必先同调。　　——杜甫

乃知择交难，须有知人明。
　　　　　　——白居易

君子忌苟合，择交如求师。
　　　　　　——贾岛

结交远小人，小人难姑息。
　　　　　　——孟郊

人之相知，贵相知心。
　　　　　　——李陵

布衣之交不可忘。
　　　　　　——李延寿

道不同，不相为谋。
　　　　　　——孔子

君子以文会友，以友辅仁。
　　　　　　——孔子

君子之交淡若水，小人之交甘若醴。　　——庄子

观其交游，则其贤不肖可察也。　　——管仲

详交者不失人，而泛结者多后悔。　　——葛洪

与善人居，如入兰芷之室，久而不闻其香，则与之化矣。与恶人居，如入鲍鱼之肆，久而不闻其臭，亦与之化矣。——刘向

博弈之交不终日，饮食之交不终月，势利之交不终年，惟道义之交可终身。——《格言联璧》

交友者，识人不可不真，疑心不可不去，小嫌不可不略。
　　　　　　——魏禧

行合趋同，千里相从；行不合，趋不同，对门不通。
　　　　　　——《淮南子》

以势交者，势倾则绝；以利交者，利穷则散。　　——王通

君子交有义，不必常相从。
　　　　　　——郭遐叔

始交不慎，后必成仇。
　　　　　　——申居郧

近朱者赤，近墨者黑。
　　　　　　——傅玄

推心置腹，人莫能间。
　　　　　　——司马光

处朋友，务相下则得益，相上则损。　　——王阳明

万两黄金容易得，知心一个

也难求！ ——曹雪芹

交朋友时，要从彼此心性认识，做到深刻透达的地方才成。
——梁漱溟

为人一团和气，会交朋友，也许很快活，很有人情味，可是，对一流的人来说，就未免太浪费了。 ——李敖

有时候，化友为敌比化敌为友更重要。 ——李敖

友谊是宁神药，是兴奋剂；友谊是大海中的灯塔，沙漠里的绿洲。 ——冰心

朋友是不分国籍，不限年龄，不拘性别的；只要理想相同、兴趣相近、情感相洽、意气相投的人，都可以很坚固地联结在一起。 ——冰心

度尽劫波兄弟在，相逢一笑泯恩仇。 ——鲁迅

人生得一知己足矣，斯世当以同怀视之。 ——鲁迅

友谊是两颗心真诚相待，而不是一颗心对另一颗心的敲打。
——鲁迅

稚气能找到真朋友，但也能上人家的当，受害。固然不必把人们都看成虎狼，但也切不可一下子就推心置腹。 ——鲁迅

三朋四友，吃喝玩乐，这叫作"酒肉朋友"；朋友相聚，不谈工作，不谈学习，不谈政治，只谈个人之间私利私愤的事，这叫作"群居终日，言不及义"。
——谢觉哉

友谊是天地间最可贵的东西，真挚的友谊是人生最大的一种安慰。 ——邹韬奋

友谊在我过去的生活里就像一盏明灯，照耀了我的灵魂，使我的生存有了一点点光彩。
——巴金

我对人世还不能没有留恋。牵系着我的心的是友情，因为我有无数散处在各地的朋友。
——巴金

友谊之路，是需要人一步一步走出来的；路上的许多障碍，也是需要人用自己的脚去踩平的。
——袁鹰

假使爱女人，应当爱及女人的狗。那么，真心结交朋友，应当忘掉朋友的过失。 ——钱锺书

能给你身心利益的人，未必就算朋友。 ——钱锺书

友情好比一瓶酒，封存的时间越长，价值则越高；而一旦启封，还不够一个酒鬼滥饮一次。
——梁晓声

不要做对不起朋友的事，更

不要做违背道义的事,道义应该大于友情,朋友应该重于自己。
——汪国真

真正的友谊,是需要保持一定的距离的。有距离,才会有尊重;有尊重,友谊才会天长地久。
——尤今

友谊和花香一样,还是淡一点的比较好,越淡的香气越使人依恋,也越能持久。 ——席慕蓉

"与朋友交,久而敬之。"敬也就是保持距离,也就是防止过分的亲昵。不过"狎而敬之"是很难的。最要注意的是,友谊不可透支,总要保留几分。
——梁实秋

事实上世界里还是有朋友的,不过虽然无须打着灯笼去找,却是像沙里淘金而且还需长时间地洗练。 ——梁实秋

只有神仙与野兽才喜欢孤独,人是要朋友的。 ——梁实秋

友情本是超越障碍的翅膀,但它自身也会背负障碍的沉重。
——余秋雨

我以为凭我们的交情,可以讲点感情,没想到还是一笔买卖。
——电影《国产凌凌漆》

读书可以广智,宽恕可以交友。当你有机会读书的时候,请不要放弃读书的机会。当你能以豁达光明的心地去宽容别人的错误时,你的朋友自然就多了。
——罗兰

外倾性格的人容易得到很多朋友,但真朋友总是很少的;内倾者孤独,一旦获得朋友,往往是真的。 ——罗兰

与朋友之间不要有金钱来往,不要借钱给朋友,要是你借钱给人家,就像胡适先生一样,我借了,就不要求还。 ——三毛

人一辈子,会认识很多朋友。一出生就可以认识饥饿、认识占有,然后八九岁你会开始认识忧伤、认识烦恼……十几岁你会开始认识欲望、认识爱情,然后有人开始认识责任、认识眷念、认识别离、认识痛苦……你要记得,它们都是很值得认识、很值得尊重的朋友。 ——蔡崇达

交朋友要根据自己的喜好来选择,通过权衡得失来交往是不可取的。 ——《人间值得》

在真正的友谊中我是完美无缺的,我把自己奉献给我的朋友,而不是力图把他吸引过来。
——蒙田

交朋友并影响别人意见的最稳妥的方法是,尊重对方的意

见，让他有被重视感。

——卡耐基

要这样生活：使你的朋友不致成为仇人，使你的仇人成为朋友。

——毕达哥拉斯

请朋友做的事，以名誉为界限；为朋友做的事，亦以名誉为界限。

——西塞罗

朋友是另一个自己。

——西塞罗

怀疑朋友比被朋友怀疑更为可耻。

——罗休夫柯

在背后称赞我们的人，就是我们的良友。

——塞万提斯

友谊是忠实无私的誓约，友情既无条件，亦无动机。

——房龙

朋友之间，有什么误会之处，应该当面讲清，不可以背地乱骂。反之，假如发现某人有过错，应该当面加以规劝，另外再在背地夸赞他的优点。

——贝原益轩

真正的朋友太少，言行不一的朋友太多。他们只是语言上的君子，行动上的矮子，像月亮那样，时而亏缺，时而满。我们只得宣布，把他们看成是还没有用上就知道其价值的货币吧！

——克韦多

对朋友应视其有一天可能变成你的敌人，对敌人应视其有一天可能变成你的朋友。——贺拉斯

劝告朋友要在无人的地方，赞扬朋友可在人多的场合。

——贺拉斯

忠实的朋友只有三个：老妻、老狗和现钞。——富兰克林

怀疑是真挚友谊的腐蚀剂。

——奥古斯丁

朋友是生活中的阳光。

——易卜生

为朋友死不难，难的是找一个值得为他死的朋友。

——霍姆斯

我们应该用我们希望朋友对待我们的方式去对待朋友。

——亚里士多德

每个人都可以和他结成朋友的人，不会是一个真正的好朋友。

——傅勒

喜欢斥责别人的人，不是交朋友的好对象。——德谟克利特

很多显得像朋友的人其实不是朋友，而很多是朋友的人并不显得像朋友。 ——德谟克利特

真正的朋友是一个灵魂寓于两个身体，两个灵魂只有一个思想，两颗心的跳动是一致的。

——荷马

你不要把那人当作朋友，假如他在你幸运时表示好感。只有那样的人才算朋友，假如他能解救你的危难。　　——萨迪

友谊与爱情之间的区别在于：友谊意味着两个人和世界。然而，爱情意味着两个人就是世界。在友谊中一加一等于二，在爱情中一加一还是一。——泰戈尔

多和朋友交游无疑是医治心病的良方。　　　　——泰戈尔

要想有好朋友，首先自己要成为别人的好朋友。
　　　　　　——武者小路实笃

有知心朋友就是一种幸福。
　　　　　　——武者小路实笃

朋友是另一个我。　——塞诺

人生无友，恰似生命无太阳。
　　　　　　　　——法朗士

没有朋友的人，只能是半个人。　　　　——卡西尔

原谅敌人要比原谅朋友容易。
　　　　　　——狄尔治夫人

世界上最难寻觅而又最易失去的是朋友。　——韦伯斯特

朋友一千个还嫌少，敌人一个也嫌多。　——阿·巴巴耶娃

好朋友不必较量给别人看，更不必跟好朋友称好汉。
　　　　　　　　　——房龙

与智者同行，必得智慧；与愚者做伴，必受亏损。
　　　　　　　　——大卫王

一个对我们无所求的朋友，才是真正的朋友。——哈伯特

什么是朋友？朋友就是你可以精诚相待的人。——弗·克兰

得一知己，把你整个生命交托给他，他也把整个生命交托给你。
　　　　　　——罗曼·罗兰

有了朋友，生命才显出它全部的价值。一个人活着是为了朋友；保持自己生命的完整，不受时间侵蚀，也是为了朋友。
　　　　　　——罗曼·罗兰

交上了坏朋友的人，是难以得到世人的敬重的。——克雷洛夫

一个人觉得有自己的朋友在身边，哪怕打仗都感到更带劲。
　　　　　　　　——显克微支

远在天涯的朋友使世界变得如此广袤，是他们织成了地球的经纬。　　　　——梭罗

当我们从富翁沦为穷光蛋时，困境会告诉我们谁是知己，谁是势利小人。　——德莱顿

在这个世上，诚实的人最尊重、最珍视的莫过于真正的朋友，这种朋友可以说是另一个自我。　　　　——皮尔梅

走红时朋友认识我们，遇到不幸时我们认识朋友。——柯林斯

朋友的每一次背信弃义都增加了几分我们对于金钱威力的依赖。　　——威廉·申斯通

一个人总不可能跟所有的人生活在一起，因此，他也就不可能为每一个人而活着。若能真正认识到这个真理，各人就会极度地珍视自己的朋友。　——歌德

真正的朋友不把友谊挂在嘴上，他们并不是为了友谊而互相要求什么，而是彼此为对方做一切办得到的事。　——别林斯基

真正的朋友应该说真话，不管话多么尖锐。

——奥斯特洛夫斯基

人的生活离不开友谊，但要获得真正的友谊并不容易，它需要用忠诚去播种，用热情去灌溉，用原则去培养。　——马克思

友谊不再增长的时候，它马上会开始下降。对于一个人的友谊总是不进则退，两者之间没有静止的平衡状态。　——亨利·詹姆斯

真正的朋友在精神方面的感应，和狗的嗅觉一样灵敏。他们能体会到朋友的悲伤，猜到悲伤的原因，老在心里牵挂着。

——巴尔扎克

两颗伟大的心灵，一朝由感情或友情结合之后，全靠外界的刺激把他们的友谊不断地加强。

——巴尔扎克

真正的友谊不是一株瓜蔓，会在一夜之间蹿起来，又在一天之内枯萎下去。

——夏洛蒂·勃朗特

友谊能增进快乐，减轻痛苦。因为它能倍增我们的喜悦，分担我们的烦忧。　——爱迪生

保持友谊的最好办法是任何事情都不假手于他，同时也不借钱给他。　　——森村诚一

离开了正直和信任，就没有爱情，没有友谊。

——普里烈扎耶娃

人与人的友谊，是把多数人的心灵结合在一起，这种可贵的联系是温柔甜蜜的。

——奥古斯丁

如果不借钱的话，神圣的友情是非常甜蜜、非常牢固、非常忠诚而持久的，它可以终生不变。　　——马克·吐温

友谊是灵魂的结合，这个结合是可以离异的，这是两个敏感、正直的人之间心照不宣的契约。

——伏尔泰

真正的友情中不存在丝毫的

猜疑或利己之心。它与物质或肉体都毫无关系，而仅仅存在于心灵与心灵间的联系。——池田大作

友谊是使青春丰富多彩的，清纯的生命的旋律，是无比美丽的青春赞歌。——池田大作

友谊往往导致爱情，而爱情却从不回归友谊。——科尔顿

最巩固的友谊是在共患难中结成的，正如生铁只有在烈火中才能锤炼成钢一样。——科尔顿

友谊永远不能成为一种交易。相反，它需要最彻底的无利害观念。——莫罗阿

倘有了同病相怜的朋友，天大的痛苦也会解去一半。
——莎士比亚

世上友谊本罕见，平等友情更难求。——培根

最亲密的友谊和强烈的憎恨，是过于亲近的缘故。
——里瓦洛尔

友谊往往是由一种两个人比一个人更容易实现的共同利益结成的，只有在相互满足时这种关系才是纯洁的。——斯特林堡

既然我们都是凡人，就不如将友谊保持在适度的水平，不要对彼此的精神生活介入得太深。
——欧里庇得斯

真正的友谊，无论从正反看都应一样，不可能从前面看是蔷薇，而从后面看是刺。
——吕克特

友谊是精神的默契，心灵的相通，美德的结合。——彭威廉

重新恢复的友谊比那些没有断裂过的友谊需要更多的关心与照料。——拉罗什富科

如果对朋友或恩人的缺点经常不客气地指指点点，就说明对他们应有的感情已经不可能持久了。
——拉罗什富科

友谊是最纯粹的爱。它是爱的最高形式，它不要求任何东西，它没有任何条件。——奥修

友谊不但能使人走出暴风骤雨的感情走向阳光明媚的晴空，而且能使人摆脱黑暗混乱的胡思乱想走入光明与理性的思考。
——培根

能够保持牢固的友谊和持久的爱情，是心地善良和意志坚强的两大证明。——威·哈兹里特

正如真金要在烈火中识别一样，友谊必须在逆境里经受考验。
——奥维德

友谊之光像磷火，当四周漆黑之际最为显露。——克伦威尔

在患难中结下的友谊是世界

上最宝贵的东西。——普劳图斯

友谊只能在实践中产生，并在实践中得到保持。——歌德

飞黄腾达的路上一定点缀着破碎的友谊。——威尔斯

友谊是瞬间开放的花，而时间会使它结果。——科策布

当穷神悄然进来，虚伪的友情就越窗仓皇而逃。——米尔

友谊的臂膀长得足以从世界的这一头伸到另一头。——蒙田

友谊是富于气息，片片花瓣都是飘溢着醉人芬芳的玫瑰。

——霍姆斯

爱情需要报答，而友谊却如同上帝一般：它给予，却从不索取任何代价。——理·霍维

友谊是无翼的爱情。——拜伦

时间增进友谊，但削弱爱情。

——拉布吕耶尔

恋爱使人坚强，同时又使人软弱，友情只使人坚强。——勃纳尔

是友人，必然相爱；是恋人，未必永远和睦。所以友谊总是给人带来幸福，而爱情却常常带来痛苦。——塞涅加

友谊与爱情一样，只有生活在能够与之自然相处、无须做作和谎言的朋友中间，你才会感到愉快。——安德烈·莫洛亚

在友谊中，我们只看见那些可能不利于我们朋友的缺点。在爱情中，我们只注意那些会使我们自己遭受痛苦的缺点。

——拉布吕耶尔

真正的爱情不是靠一个男人和一个女人之间盲目的利己的情欲就可以建立起来的，它必须建立在互相了解、友谊和温存的基础上。——拉福雷特

友谊是一个崇高的名字，是经过提炼的爱情。——森莉弗拉

友谊的价值是能消除你爱情关系上的压力。——索菲娅·罗兰

如果友谊一旦被破坏了，连爱情也不能够再使它恢复。

——《五卷书》

爱情以爱情开始，而最笃诚的友谊只能转变成微弱的爱情。

——拉布吕耶尔

友谊如同爱情，尽管它可以因短暂的分离而得到加深，但却会被久别摧残。

——塞缪尔·约翰逊

经过细心培养的青年人易于感受的第一个情感，不是爱情而是友谊。——卢梭

友谊是一掷千金的大腹贾，爱情是一毛不拔的铁公鸡。

——卢梭

没有友谊的爱情是浅薄的。

——苏霍姆林斯基

一生中交上一个挚友，也就可以称得上分外有福了。

——托·富勒

应当在朋友最困难的时候给予帮助，不可在事情无望之后再说闲话。——伊索

谁喜欢什么样的朋友，谁就是什么样的人。——伊索

我情愿得到一个平凡可是诚实的朋友，胜过更多聪明的恶人。

——欧里庇得斯

重要的不在于你是谁生的，而在于你跟谁交朋友。

——塞万提斯

交朋友的唯一办法是你自己要够朋友。——罗斯福

全盛时期的朋友无价值。

——亚当斯

朋友与敌人同样危险。

——德·昆西

跟小人，只能成小事；跟大人，小事可成大功。——歌德

人们完全不相同的时候，就成了朋友。——列夫·托尔斯泰

在确保终身幸福的所有努力中，最重要的是结识朋友。

——伊壁鸠鲁

两个人相遇就像两种化学物质接触一样，假如有反应，双方都会起变化。——卡尔·荣格

与愚人深交，不如与智者淡交。——瓦鲁瓦尔

与智慧的人同行，必得智慧；和愚昧的人做伴，必受亏损。

——《旧约》

一个人在其人生道路中如果不注意结识新交，就会很快感到孤单。先生，人应当不断地充实自己对别人的友谊。

——塞缪尔·约翰逊

要么相信上帝，要么相信魔鬼，就是别又信上帝又信魔鬼。一个好的坏蛋比一个坏的正人君子强。——高尔基

善与恶

善似清泉润物无声，恶如浊浪毁堤于瞬。一念善心可暖三冬，半点恶意能结千仇。善恶由心造，种善因得善果，播恶念食恶报。人间正道，终是善胜恶。

善良的人都晚熟，并且是被劣人催熟的，后来虽然开窍了，但仍然保持善良和赤诚。

——莫言

无善无恶心之体，有善有恶意之动。知善知恶是良知，为善去恶是格物。——王阳明

善不积，不足以成名；恶不积，不足以灭身。——《周易》

天道无亲，常与善人。

——老子

不为小害善，故有大名。

——韩非子

善不可失，恶不可长。

——左丘明

为善者，天报之以福，为恶者，天报之以祸。——荀子

世有雷同之誉而未必贤也，俗有欢哗之毁而未必恶也。

——葛洪

善气迎人，亲如弟兄；恶气迎人，害于戈兵。——管仲

圣人为善若恐不及，备祸若恐不免。——《淮南子》

勿以恶小而为之，勿以善小而不为。——刘备

作德日休，为善最乐。

——罗大经

激浊扬清，疾恶好善。

——吴兢

圣贤非虚名，惟善为可勉。

——欧阳修

千日行善，善犹不足；一日行恶，恶自有余。——吴承恩

交善人者道德成，存善心者家里宁，为善事者子孙兴。

——方孝孺

何谓善人？无损于世者，则谓之善人。何谓恶人？有害于世者，则谓之恶人。——张潮

行善如春园之草，不见其长，日有所增；行恶如磨刀之

石，不见其消，日有所损。
——《格言联璧》

人恶人怕天不怕，人善人欺天不欺。善恶到头终有报，只争来早与来迟。 ——《增广贤文》

随缘济众，其类至繁，约言其纲，大约有十：第一，与人为善；第二，爱敬存心；第三，成人之美；第四，劝人为善；第五，救人危急；第六，兴建大利；第七，舍财作福；第八，护持正法；第九，敬重尊长；第十，爱惜物命。 ——袁了凡

有益于人，是善；有益于己，是恶。有益于人，则殴人、詈人皆善也；有益于己，则敬人、礼人皆恶也。是故人之行善，利人者公，公则为真；利己者私，私则为假。 ——袁了凡

人而好善，福虽未至，祸其远矣；人而不好善，祸虽未至，福其远矣。 ——徐干

人生一日，或闻一善言，见一善行，行一善事，此日方不虚生。
——陈继儒

身恒居善，则内无忧虑，外无畏惧，独立不惭影，独寝不愧衾。 ——刘昼

行一件好事，心中泰然；行一件歹事，衾影抱愧。——申涵光

善欲人见，不是真善；恶恐人知，便是大恶。 ——朱柏庐

责恶要为人留余步，劝善要思其势可从。 ——申居郧

为善最乐，居德斯颐。
——翁方纲

善积者昌，恶积者丧。
——陈寿

苦海无边，回头是岸。
——《朱子语类》

有善有恶是知，审美辨恶是格，为善去恶是致。 ——宋教仁

大富之人，钱财有余，自己也没有用处，明知道多数人将会饿死，却不肯施财救济。若是从道德上责备起来，这简直是间接的杀人。积钱最多，力量最大，而不肯布施的，他所负的杀人罪就更重了。 ——聂云台

行善所以立德，行小善则小德立，行大善则大德立。行善立德不易，凡我有生之日，皆为行善立德之年，在一口气未落前，一言一语，一举一动，一思一念，苟有所亏，未几于善，即为缺德，不可入圣。德惟善，罪惟恶。善则与天理相应，恶则与人欲相应。 ——萧天石

一个热情的人，尤其青年，过火是免不了的；只要心地善

良、正直、胸襟宽，能及时改正自己的判断，不固执己见，那就好了。　　　　　——傅雷

伤害一个好人，会得到永生的罪恶。　　　　——老舍

恶不自恶，恶必极；善不自善，善必至。　　——陈确

一个人最伤心的事情无过于良心的死灭。　　——郭沫若

对丑恶没有强烈的憎恨的人，也不会对美善有强烈的执着。
　　　　　　　　——茅盾

一切恶出于自私，而通于一切之善者就在于不自私，以至舍己而为公。　　——梁漱溟

种善因得善果，种恶因得恶果。人是自己的园丁，存好心得好报，存歹心得歹报。心是自己的主人。　　——星云大师

你有不伤别人的教养，却缺少一种不被人伤害的气场。若没人护你周全，就请以后善良中带点锋芒。　　　——杨绛

凶恶每战胜一次善良就把自己压缩了一次，因为它宣告了自己的丑恶。善良每败于凶恶一次，就把自己弘扬了一次，因为它宣扬了自己的光明。——王蒙

心眼不好的人一辈子不知道什么是甜什么是香，一辈子不知道什么是满什么是足，就像吃了一把盐老得喝水，肚子里胀的全是气，气多了人能好受吗？你看老想害别人的那个人，脸都倒挂着，他不快乐啊。害别人最后都害了自己，帮别人最后都帮了自己，不信你去试试。坏人都是傻子，一辈子活得不快乐！
　　　　　——《姥姥语录》

冤枉你的人比你还知道你有多冤枉，这种人就是坏。
　　　　　　——郭德纲

凡是能够促进人类向上发展的，都是美的，都是善的，也都是诗的。　　　　——艾青

善良是优秀的品性，但不能过分，不然就变得愚钝了。一切不能因善良而失去原则。
　　　　　　　——一凡

善良的东西、美好的东西，能达到一种极致。在一定的时代，在一定的环境，可以达到极致。
　　　　　　——孙犁

不会有一个善良、正直的人愿去做窃夺别人劳动果实的盗贼，更不会在享用"赃物"的时候反而感到幸福。　——魏巍

人类先天就要有一种对善美的追求，对生命的歌颂和对造物者的佩服。越是善良的灵魂，越

是对造物者有至高的敬意。

——罗兰

我在意的是善良的真实存在，而不是善良的表象，可我看到的却是很多人一边伪装成好人，一边干着坏事。——马斯克

制定规矩的人最不守规矩，规矩只不过是弱者的脚镣，强者使用的工具。真正的力量并不是欺压别人，而是将跌倒的人扶起。

——叔本华

对于心地善良的人来说，付出必须得到报酬，这本身就是一种侮辱。美德不是装饰品，而是美好心灵的表现形式。 ——纪德

任何行为都不可能源于纯粹的乐善好施。人类的仁慈总是混合着虚荣、利益和其他一些动机。

——塞缪尔·约翰逊

大量善行可能出于严厉，更多的是出于爱，但最多的还是出于清晰的了解和无偏见的公正。

——歌德

我要把善恶都直率、坦白地讲出来，既不隐瞒什么不好的东西，也不附加什么好的东西。

——卢梭

为人设想多，为己设想少，抑制私欲，实施慈爱之念，即构成人性之完美。 ——亚当·斯密

善良是历史中稀有的珍珠，善良的人便几乎优于伟大的人。

——雨果

希望立刻做很多善事的人，永远不会做任何善事。

——约翰生

只要好人什么也不做，邪恶就能胜利。 ——伯克

凶恶是毒害我们生活的毒药。

——车尔尼雪夫斯基

善恶的区别，在于行为本身，不在于地位的有无。

——莎士比亚

好人一生最好的部分，是他细小的、无名的、不被记忆的善行及仁慈。 ——华兹华斯

善是被动的，它服从于理性。恶是主动的，它产生于作为。善是天堂，恶是地狱。

——布莱克

要是我们看到了丑恶，却不用愤怒的手指把它点出来，那我们也离丑恶不远了。

——克雷洛夫

各位可知道，比命运的逆转更令人难堪的是什么吗？那是人类的卑劣和可憎的忘恩。

——拿破仑

所谓恶人，无论有过多么善良的过去，也已滑向堕落的道路

而消逝其善良性；所谓善人，即使有过道德上不堪提及的过去，但他还是向着善良前进的人。

——杜威

大凡善良的人总喜欢把人往好处想，总是把人想得比实际上更好，总爱夸大他们的好处。对于这样的人来说，以后的幻灭是很难过的，在他们觉得自己负有责任时就更难过了。

——陀思妥耶夫斯基

根据心灵的基本原则，人类是能够为了善本身而追求善的。

——雪莱

在一切道德品质之中，善良的本性在世界上是最需要的。

——罗素

善良——这是天才的伟大品质之一。 ——安格尔

善与恶是同一块钱币的正反两面。 ——罗曼·罗兰

面对邪恶和虚伪无动于衷，这是最可怕的。

——苏霍姆林斯基

善良与品德兼备，有如宝石之于金属，两者互为衬托，益增光彩。 ——萧伯纳

如果"善"有原因，它就不再是善。如果"善"有结果，那也不能称为"善"，"善"是超乎因果联系的东西。

——列夫·托尔斯泰

人的恶行只有两个原因，即怠惰和迷信。同样地，善举也只有两个原因，即活动以及睿智。

——列夫·托尔斯泰

善与恶在川流中是混杂的。但是，每个人都在他的生活过程中改造自己的血液。

——罗曼·罗兰

不知道善意不一定就不能为善。善不是一种学问，而是一种行动。 ——罗曼·罗兰

美与善是不可分割的，因为二者都以形式为基础，因此，人们通常把善的东西也称赞为美的。

——托马斯·阿奎那

善良——人所固有的善良，这些东西唤起我们一种难以摧毁的希望，希望光明的、人道的生活终将苏醒。 ——高尔基

善是精神世界的太阳。

——雨果

只有善行，才会为你带来声誉。 ——萨迪

人不能抵抗恶，但能抵抗善。

——契诃夫

善良的人，甚至在狗的面前也会感到害羞。 ——契诃夫

有许多善人在意想不到的时

候，会突然变成坏人，所以不可掉以轻心。——夏目漱石

人类两个最大的罪恶，是脾气暴躁和怠惰。从这两项罪恶里，会产生各种罪恶。

——卡夫卡

我的职责就是我的健康。但凡有益于自己身体的东西，全部都是好的，必须称为"善"。

——纪德

真实的善是每个人心灵所追求的，是作为他一切行为的目的的。——柏拉图

善良的园地你越多施肥浇水，那里的花草树木就越能蓬勃地滋长。——弥尔顿

真正善良的人不仅有行善的愿望，而且有行善的行动。

——弗兰克·梯利

善良的性情对于一个人来说比知识、金钱和荣誉更宝贵。

——比彻

信任别人的善良，实在是自己的善良的明证。——蒙田

只有人生之善才能进入美的结构中。——乔治·桑塔耶纳

如果心中藏有善意，它一定会流露。——托·富勒

罪恶是需要的别名，或是疾病的一种。——纪伯伦

我的故乡是世界，我的信仰是行善。——潘恩

正是因为做了好事，人才变成了好人，我认为这一点是最确实无疑的。——卢梭

善心是善者的光荣所在，善心可使你永远快乐，善心能使你容忍百事，并使你居危而忘忧。

——托马斯

凡是使生命扩大而又使灵肉健强的一切，便是善良；凡是使生命减缩而又加以危害和压榨的一切，便是坏的。——杰克·伦敦

善良，不管怎么说，是基于原谅和宽恕过失的。我们在对待自己以及对待生活中的一般交际和事务时，善良都要求我们要公正。——爱迪生

人类善良的感人肺腑的暖流，能医治心灵和肉体的创伤。

——罗佐夫

善的源泉是在内心，如果你挖掘，它将汩汩地涌出。

——奥勒利乌斯

人生至善，就是对生活乐观，对工作愉快，对事业兴奋。

——布兰登

真有才能的人总是善良的、坦白的、爽直的，绝不矜持。

——巴尔扎克

世界上最美丽、最高贵、最伟大的事情,莫过于扬善和惩恶。

——大仲马

善良是一桩伟大的事。但是,教人如何行善,更是伟大,而且更轻而易举。　　——马克·吐温

恶是有必要的。假如没有恶存在的话,善也就不会存在。恶是善唯一存在的理由。

——法朗士

勇与怯

勇为破茧之力,怯是困心之牢。真勇者知惧而行,懦弱者畏缩不前。泰山崩于前而色不变是勇,蝼蚁溃堤而不自知是怯。是勇是怯,全在一念之间。

这世界上很多坏东西都是在发现你软弱的时候才追上来的。

——蔡崇达

乱生于治,怯生于勇,弱生于强。治乱,数也;勇怯,势也;强弱,形也。

——《孙子兵法》

勇者临敌而不怀生。——吴起

所贵勇者,为其行义也。

——吕不韦

不入虎穴,焉得虎子。

——《后汉书》

勇不动于气,义不陈乎色。

——韩愈

遇事无难易,而勇于敢为。

——欧阳修

大勇若怯,大智若愚。

——苏东坡

匹夫见辱,拔剑而起,挺身而斗,此不足为勇也。

——苏东坡

慎重者,始若怯,终必勇;轻发者,始若勇,终必怯。

——苏东坡

莫听穿林打叶声,何妨吟啸且徐行。竹杖芒鞋轻胜马,谁怕?一蓑烟雨任平生。

——苏东坡

天下有大勇者,卒然临之而不惊,无故加之而不怒,此其所挟持者甚大,而其志甚远也。

——苏东坡

奋始怠终，修业之贼也；缓前急后，应事之贼也；躁心浮气，畜德之贼也；疾言厉色，处众之贼也。
——吕坤

畏缩不为，则永无自强之日。
——《清史稿》

不畏人言，也是一种潇洒。
——汪国真

勇敢是与深思和决断为伍的。
——俞吾金

勇者发怒，抽刃向更强者；怯者愤怒，即抽刃向更弱者。
——鲁迅

勇敢精神正像任何精神力量一样，一定要在考验中得到锻炼和巩固。
——罗兰

企业就是要发展一批狼，狼有三大特性：一是敏锐的嗅觉；二是不屈不挠、奋不顾身的进攻精神；三是群体奋斗。
——任正非

成就的大小、高低，是不在我们掌握之内的，一半靠人力，一半靠天赋，但只要坚强，就不怕失败、不怕挫折、不怕打击——不管是人事上的、生活上的、技术上的、学术上的打击。
——傅雷

畏惧敌人徒然沮丧了自己的勇气，也就是削弱自己的力量，增加敌人的声势，等于让自己的愚蠢攻击自己。畏惧并不能免于一死，战争的结果大不了也不过一死。奋战而死，是以死亡摧毁死亡；畏怯而死，却做了死亡的奴隶。
——莎士比亚

真正勇敢的人，应当能够智慧地忍受最难堪的屈辱，不以身外的荣辱介怀，用息事宁人的态度避免无谓的横祸。
——莎士比亚

懦夫在未死以前，就已经死过好多次；勇士一生只死一次。
——莎士比亚

有德必有勇，正直的人绝不胆怯。
——莎士比亚

怯弱是出卖我们灵魂的叛徒。
——泰戈尔

不怕的人前面才有路。
——有岛武郎

世界是属于勇敢者的。
——哥伦布

大胆点，伟大无比的力量自会来帮助你。
——比锡耳王

强者创造事变，弱者受制于上帝给他安排的事变。
——维尼

一个勇士的成功常常会激励一代人的勤勉和勇敢。
——茨威格

人的一生中可能犯的最大错误，就是经常担心犯错误。

——哈伯德

死是每个人都能做到的，拿出勇气活下去才是勇敢的。

——罗勃·柯迪

如果你是懦夫，你就是自己最大的敌人；如果你是勇者，你就是自己最好的朋友。

——弗兰克

要勇敢而不要暴躁，要服从而不要低声下气，要坚强而不要顽固，要谦逊而不要做作。

——苏沃洛夫

拥有追随自己内心与直觉的勇气，你的内心与直觉多少已经知道你真正想要成为什么样的人了。

——乔布斯

我希望你能活出最精彩的自己；我希望你能见识到令你惊奇的事物；我希望你能体验未曾体验过的情感；我希望你能遇见一些想法不同的人；我希望你能为自己的人生感到骄傲。如果你发现生活和想象的不一样，我希望你能有勇气重新来过。

——电影《本杰明·巴顿奇事》

科学的每一项巨大成就，都是以大胆的想象为出发点的。

——杜威

今天应做的事没有做，明天再早也是耽误了。

——裴斯泰洛齐

怯懦的人，会把朋友送给刽子手。

——罗曼·罗兰

我们要时时注意，勇气常常是盲目的，因为它没有看见隐伏在暗中的危险与困难，因此，勇气不利于思考，但却有利于实干。因为在思考时必须预见危险，而在实干中却无须顾及危险，除非那危险是毁灭性的。所以对于有勇无谋的人，只能让他们做帮手，而绝不能当领袖。

——培根

没有比害怕本身更害怕的了。

——培根

你怕狼，就别到树林里去。

——列宁

不要在已成的事业中逗留。

——巴斯德

好动与不满足是进步的第一必需品。

——爱迪生

勇敢坚毅真正之才智乃刚毅之志向。

——拿破仑

"不可能"三个字，是我字典中所没有的。

——拿破仑

坚定的信念，能使平凡的人做出惊人的事业。

——马尔顿

我们处于什么方向不要紧，

要紧的是我们正向什么方向移动。
——霍姆兹

人的一生中，最光辉的一天并非功成名就的那天，而是从悲叹与绝望中产生对人生的挑战，以勇敢迈向意志的那天。
——福楼拜

勇敢是，当你还未开始就已知道自己会输，可你依然要去做，而且无论如何都要把它坚持到底。
——哈珀·李

真正的坚忍是当一个人无论遇到什么灾祸或危险的时候，他都能够镇静自处，尽责不辍。
——洛克

真正的勇气在极端的胆怯和鲁莽之间。
——塞万提斯

记住这句老话："怯懦"永远不能赢取美人的心。
——塞万提斯

一直在追寻强大的力量，所以他早就是他这一时代最勇敢的人。
——茨威格

世界是归强有力者管辖的，应当做强有力者，应当超于一切之上。
——莫泊桑

我们最重要的原则是：不要叫人打倒你，也不要叫事情打倒你。
——居里夫人

勇气很有理由被当作人类德行之首，因为这种德行保证了所有其余的德行。
——丘吉尔

许多天才因缺乏勇气而在这世界消失。每天，默默无闻的人们被送入坟墓，他们由于胆怯，从未尝试过努力；他们若能接受诱导起步，就很有可能功成名就。
——席巴·史密斯

你若失去了财产——你只失去了一点；你若失去了荣誉——你就会丢掉许多；你若失掉了勇敢——你就会把一切失去。
——歌德

大胆的见解就好比下棋时移动一个棋子，它可能被吃掉，但它却是胜局的起点。
——歌德

在我们中间，就连最勇敢的人，对于自己真正理解的事拿得出勇气，也是罕见的。
——勃朗宁

如果一个人的激情无论在快乐还是苦恼中，都保持不忘理智所教给的关于什么应当惧怕，什么不应当惧怕的信条，那么我们就因他的激情部分而称每个这样的人为勇敢的人。
——柏拉图

有些人很镇定果敢，他们把危险看作一次决斗中的敌手，他们计算它的动作，研究它的进攻，他们后退只是为了喘一口气,并不是表示怯懦。他们懂得一切于自己有利的地方,能一举杀死敌人。
——大仲马

成功的人,都有浩然的气概,他们都是大胆的、勇敢的。他们的字典上,是没有"惧怕"两个字的,他们相信自己的能力能够干一切事业,他们自认是个很有价值的人。
——卡耐基

一个人的胆子大,才能有作为。畏怯、懦弱的人,他虽然没有身临其境的危险,但只要一听到人家的恐吓言语,就早已吓得不知所措,试问这样的人能有什么建树呢?
——卡耐基

到了热血沸腾、理智允许的时候还不敢挺身向前的人,就是懦夫;达到了预想的目的后还在冒进的人,就是小人。
——海涅

如果他是一棵软弱的芦草,就让他枯萎吧;如果他是一个勇敢的人,就让他自己打出一条路来吧。
——司汤达

既然他有勇气去死,他应该有力量去斗争。拒不接受苦难不是力量的表现,而是懦弱的表现。
——巴尔扎克

我唯一能信赖的,是我狮子般的勇气和不可战胜的从事劳动的精力。
——巴尔扎克

凡是我不了解的现象,我总是勇敢地迎着它走上去,不被它吓倒。我高高地站在它的上面。人应当认定自己比狮子、老虎、猩猩高一等,比大自然中的万物,甚至比他不能理解的,像是奇迹的东西都高,要不然他就算不得人,只不过是一个见着样样东西都害怕的耗子罢了。
——契诃夫

你为人像水一般软弱,这一点人家很快就会发现的。他们不用费什么劲就会发现你为人没有骨气。他们可以像对付一个奴隶一样对付你。
——马克·吐温

惯于实际生活的人能坚持到底,坚持到最后;自我反省和空谈理论的人却不想越过他们自己所指定的边界,而永远停在那里。他们在崇高的意向、绝对的真诚和才干的条件下,阻碍事件前进,因为山巅险峻会撞伤他们。
——屠格涅夫

要记住!情况越严重、越困难,就越需要坚定、积极、果敢,而消极无为就越有害。
——列夫·托尔斯泰

一个有坚强心志的人,财产可以被人掠夺,勇气却不能被人剥夺。
——雨果

"拿出胆量来。"那一吼声是一切成功之母。　　——雨果

大胆是取得进步所付出的代价。　　——雨果

如果你陷入艰难的境地，一切都同你作对，你似乎再也撑不下一分钟，千万不可放弃，因为那正是时势扭转的关键时刻与境地。
——哈里特

凡是新的事物在起头时总是这样的，起初热心的人很多，而不久就冷淡下去，撒手不做了。因为他已经明白，不经过一番苦功是做不成的，而只有想做的人，才能忍得过这番痛苦。
——陀思妥耶夫斯基

要从容地着手去做一件事，但一旦开始，就要坚持到底。
——比阿斯

所谓天才，就是比任何人都能先抵挡痛苦的经验本领。
——卡莱尔

忍耐——肉体的小心和道德的勇气的混合。　　——哈代

不经巨大的困难，不会有伟大的事业。　　——伏尔泰

在胆小怕事和优柔寡断的人眼中，一切事情都是不可能办到的，因为乍看上去似乎如此。
——司各特

如果没有勇气远离海岸线，长时间在海上孤寂地漂流，那么你绝不可能发现新大陆。
——纪德

鲁莽往往以勇敢的名义出现，但它是另一回事，并不属于美德。勇敢直接来源于谨慎，而鲁莽则出于愚蠢和想当然。
——凯瑟琳·雷恩

一个顽强坚持自己在正义事业中的目标的人是不会因同伴发疯似的狂叫"错了"而动摇决心，也不会因暴君威胁恫吓的脸色而恐惧退缩。　　——贺拉斯

不懂得害怕的人不能算勇敢，因为勇敢指的是面对一切风云变幻而坚强不屈的能力。
——里欧·罗斯顿

勇敢就能扫除一切障碍。
——帕斯捷尔纳克

我这个人走得很慢，但是我从不后退。　　——林肯

勇猛、大胆和坚定的决心能够抵得上精良的武器。——达·芬奇

面对一切不平常的急难，只有勇敢和坚强才能拯救。
——沙甫慈伯利

怯懦是你最大的敌人，勇敢则是你最好的朋友。
——莱昂纳德·弗兰克

当一个人敢于用自己来冒险，敢于体验新的生活方式时，他就有可能变化和发展。

——赫伯特·奥托

勇敢来自斗争，勇敢在同困难顽强奋斗中逐渐形成。我们青年人的座右铭就是勇敢、顽强、坚定，就是克服艰难险阻。

——奥斯特洛夫斯基

勇气就是在恐惧和狂妄之间的一种气质和平衡因素。恐惧会产生胆怯，狂妄会导致鲁莽，而勇气会使人们、使那些佛教徒勇敢地面对生活中不可回避的痛苦。

——菲利浦·劳顿·玛丽

除了恐惧，世界上不存在任何事情，其程度能与勇敢相比较。

——约翰·温赖特

勇气通往天堂，怯懦通往地狱。　　　　——塞内加

勇敢的人以生命冒险，不以良心冒险。　　　　——希拉

生活随人的勇气大小而收缩或膨胀。　　——安耐丝·尼恩

极其重要的第一条戒律：别让敌人把你吓坏了。

——埃尔默·戴维斯

怯懦只是夺去安全的手段，它不仅削减我们的护卫能力，甚至于驱使我们走向毁灭之崖，使我们碰着从来无意冒犯我们的灾祸。

——沙甫慈伯利

真的算得勇敢的人，是那个最了解人生的幸福和灾患，然后勇往直前，担当起将来会发生的事故的人。　　——伯利克里

勇气有许多种，但一等功勋应该留给那些举世无双的人们，他们单枪匹马，敢于面对整个社会，在最高法庭进行了宣判，而且整个社会都认为审判是合法公正的时候，敢于大声疾呼正义。

——房龙

勇气不仅仅是一种美德，而且还是各种美德在经受考验时，即在最逼真的情形下的一种表现形式。

——刘易斯·西里尔·康诺利

无畏是灵魂的一种杰出力量，它使灵魂超越那些苦恼、混乱和面对巨大危险可能引起的情感。正是靠这种力量，英雄们在那些最突然和最可怕的事件中，也能以一种平静的态度支持自己，并继续自由地运用他们的理性。

——拉罗什富科

英勇是一种力量，但不是腿部和臂部的力量，而是心灵和灵魂的力量。这力量并不存在于战马和武器价值之中，而是存在于

我们自身之中。　　——蒙田

勇气就是一种坚韧，正因为它是一种坚韧，才使我们具有任何形式的自我否定和自我战胜的能力。因而，正是借助于这一点，勇气多少也与德行发生了关系。
　　　　　　　　——叔本华

我认为克服恐惧最好的办法理应：面对内心所恐惧的事情，勇往直前地去做，直到成功为止。　　　　　　——罗斯福

刚强的人尽管内心很激动，但他们的见解和信念却像在暴风雨中颠簸的船上的罗盘指针，仍能准确地指出方向。
　　　　　　　——克劳塞维茨

你若想尝试一下勇者的滋味，一定要像个真正的勇者一样，豁出全部的力量去行动，这时你的恐惧心理将会被勇猛果敢所取代。　　　——丘吉尔

成功不是终点，失败也不是终结，只有勇气才是永恒。
　　　　　　　　——丘吉尔

勇敢是处于逆境时的光芒。
　　　　　　　　——茨威格

谁是不可战胜的人？那种在任何时候都临危不惧的人。
　　　　　　　——爱比克泰德

对付贫穷要有勇气，忍受嘲笑要有勇气，正视自己营垒里的敌对者也要有勇气。——罗素

有胆气的人是不惊慌的人，有勇气的人是考虑到危险而不退缩的人；在危险中仍然保持勇气的人是勇敢的，轻率的人则是莽撞的，他敢于去冒险是因为他不知道危险。　　——康德

痛苦有个限度，恐惧则绵绵无尽。　　——浦利尼斯二世

勇敢里面有天才、力量和魔法。　　　　　——歌德

表现勇敢则勇气来，往后退缩则恐惧来。　　——康拉德

勇敢征服一切，它甚至能给血肉之躯增添力量。——奥维德

认为痛苦是最大不幸的人，是不可能勇敢的；认为享受是最大幸福的人，是不可能有节制的。
　　　　　　　　——西塞罗

要坚强，要勇敢，不要让绝望和庸俗的忧愁压倒你，要保持伟大的灵魂在经受苦难时的豁达与平静。　　——亚米契斯

只要你坚持的时间足够长，在恐惧之中的某一时刻到来之后，恐惧就不再是极端的痛苦，而不过是一种十分讨厌、令人恼火的刺激。　　——福克纳

没有不冒风险就能克服的

风险。——皮布里吕斯让·诺安

英雄就是对任何事都要全力以赴,自始至终心无旁骛的人。

——波德莱尔

侮辱那些无法要你道歉的人,本身就是怯懦的表现。

——米克沙特·卡尔曼

人的勇气能承担一切重负,人的耐心能忍受绝大部分痛苦。

——塞缪尔·约翰逊

勇敢寓于灵魂之中,而不单凭一副强壮的躯体。——卡赞扎基

没有必胜的勇气,战争必败无疑。

——麦克阿瑟

把至关重要的冒险行动托付给胆小鬼,是一种失策。

——普劳图斯

冒险是历史富有生命力的元素,无论是对个人还是社会。

——威廉·博利多

如果勇敢是无畏,那么我就从未见过一位勇敢的人。所有人都会畏惧,越是智者越知道畏惧。尽管有所畏惧,却能驱使自己勇往直前的人,才是勇士。

——巴顿

第三辑 修心顿悟

走不出心中的执念,到哪里都是囚徒。

止与贪

知止者常足,贪求者多忧。止如静水映月,贪似野火焚林。智者知足守分,愚人得陇望蜀。适可而止,方能长久;欲壑难填,终致倾覆。止于当止处,便是人生至境。

我活在世上,无非想要明白些道理,遇见些有趣的事。倘能如我所愿,我的一生就算成功。
——王小波

知止而后有定,定而后能静,静而后能安,安而后能虑,虑而后能得。
——《大学》

甚爱必大费,多藏必厚亡。知足不辱,知止不殆,可以长久。
——老子

欲而不知止,失其所以欲;有而不知足,失其所以有。
——司马迁

君子贵知足,知足万虑轻。
——赵孟頫

心安由自足,身贵为无求。
——陆游

知足者仙境,不知足者凡境。
——《菜根谭》

遍阅人情,始识疏狂之足贵;备尝世味,方知淡泊之为真。
——《菜根谭》

贪得者身富而心贫,知足者身贫而心富。居高者形逸而神劳,处下者形劳而神逸。孰得孰失,孰幻孰真,达人当自辨之。
——《菜根谭》

囊有钱,仓有米,腹有诗书,便是山中宰相;身无病,心无忧,门无债主,可为地上神仙。
——李鸿章

天地之间,物各有主,苟非吾之所有,虽一毫而莫取。
——苏东坡

败德之事非一,而酗酒者德必败。伤生之事非一,而好色者生必伤。
——《格言联璧》

贪他一斗米,失却半年粮。争他一脚豚,反失一肘羊。
——《增广贤文》

知足常足，终身不辱；知止常止，终身不耻。

——《增广贤文》

受恩深处宜先退，得意浓时便可休。莫待是非来入耳，从前恩爱反为仇。　——《增广贤文》

人困乃正，命顺乃奇。以正化奇，止为枢也。事变非智勿晓，事本非止勿存。天灾示警，逆之必亡；人祸告诫，省之固益。躁生百端，困出妄念，非止莫阻害之蔓焉。　——《止学》

若布衣暖，菜饭饱，一室雍雍，优游泉石，如沧浪亭、萧爽楼之处境，真成烟火神仙矣。

——《浮生六记》

心小了，所有的小事就大了；心大了，所有的大事都小了。看淡世事沧桑，内心安然无恙。

——丰子恺

一件心事，想开了，固然很好。一件心事，怎么想也想不开，干脆将它丢掉，没处去想不是更好？　——三毛

一个人的欲望如果只是追求金钱或权势，他便永不能获得满足，而不满足便不能快乐。

——柏杨

知足天地宽，贪得宇宙隘。岂无过人姿，多欲为患害。——曾国藩

以财事人者，财尽而交疏；以色事人者，华落而爱衰。

——刘向

名病太高，才忌太露，自古为然，于今为甚。　——吴从先

一不积财，二不积怨，睡也坦然，走也方便。　——吕坤

临财毋苟得，临难毋苟免。

——《礼记》

事若求全何所乐？

——曹雪芹

日图三餐，夜图一宿。

——史襄哉

为人但知足，何处不安生？

——耶律楚材

贵莫贵于无求，富莫富于知足。　　　——申居郧

一个人如果心中没有企图，很少能被别人利用。　——亦舒

凡事不宜操之过急，放松一步，往往可以化险为夷。

——梁实秋

谁都贪图近便，贪图速成，他们也就见风使舵，凡事一混了之。

——朱自清

天下只有两种人。譬如一串葡萄到手，一种人挑最好的先吃，另一种人把最好的留在最后吃。照例第一种人应该乐观，因为他每吃一颗都是吃剩的葡萄里

最好的；第二种人应该悲观，因为他每吃一颗都是吃剩的葡萄里最坏的。不过事实上适得其反，缘故是第二种人还有希望，第一种人只有回忆。　　——钱锺书

人的心境有时要大，大可以去尝试从未有过的事业；但有时要小，把自己看得小，可以脚踏实地，不好高骛远。这两个应该是同时存在的。　　——宁高宁

我们的生命本来多轻盈，都是被这肉体和各种欲望的污浊给拖住。　　——蔡崇达

生命的意义在于付出，在于给予，而不是在于接受，也不是在于争取。　　——巴金

热爱金钱，赚取金钱，本身无可厚非，但关键是赚的钱再多也永远不会感到满足。人之所以永远不会感到满足，是因为欲望这个开关一旦被打开，就不会在某个具体数字面前自动关停，正所谓欲壑难填。所以，不要以为赚到某个数额的钱，人自然就会满足了、停手了。
　　——《纳瓦尔宝典》

贪婪的人不会是一个自由的人，也不会是一个幸福的人，而只能是被欲望驱使的奴隶。要想从贪婪所必然引起的痛苦中获得解脱与自由，就必须首先从幻想中觉醒。　　——弗洛姆

贪婪的人，为了追逐金钱利益而在世界各地疲于奔命而不择手段，殊不知，死神已紧紧跟在他的背后。　　——萨迪

贪婪的人必定也是焦虑的人，因为他生活在焦虑的状态下。在我看来，他也就绝不会自由。
　　——贺拉斯

随着财富的增加，烦恼相伴而生，产生越来越多的渴求和贪欲。　　——贺拉斯

贪财是万恶之源。　　——乔叟

适可而止是最大的财富。
　　——豪厄尔

对金钱的贪恋是一切罪恶的根源。　　——勃特勒

过于求速是做事上最大的危险之一。　　——培根

当欲望激荡的时候，人不可避免地要犯错误。　　——歌德

莫要追求非分之财；非分之财等于灾难。　　——赫西奥德

把金钱奉为神明，它就会像魔鬼一样降祸于你。　　——菲尔丁

所有超过个人应得的社会产品份额的财富，都是窃夺的。
　　——巴贝夫

赛车和做人一样，有时候要

停,有时候要冲。

——电影《极速传说》

贪心好比一个套结,把人的心越套越紧,结果把理智闭塞了。

——巴尔扎克

我们可将财富比作海水,喝得越多,越是口渴,声名亦复如此。

——叔本华

贪婪的人,必定会葬身在用自己毕生索取的金钱而垒起的坟墓中。 ——弗罗布

别在树下徘徊,别在雨中沉思,别在黑暗中落泪。向前看,不要回头,只要你勇于面对,抬起头来就会发现,此刻的阴霾不过是短暂的雨季。向前看,还有一片明亮的天,不会使人感到彷徨。

——莎士比亚

金钱的贪求和享乐的贪求,促使我们成为它们的奴隶。也可以说,把我们的身心投入深渊。

唯利是图,是一种痼疾,使人卑鄙。但贪求享乐,更是一种无耻、不可救药的毛病。

——朗加纳斯

金钱和时间是生活中的两个负担。拥有很多钱财或拥有很多时间,却又不知如何使用的人,是最不幸的。

——塞缪尔·约翰逊

金钱这种东西,只要能解决个人的生活就足够了,若是过多了,它会成为遏制人类才能的祸害。

——诺贝尔

贪得无厌、纸醉金迷、听天由命,这三者结合在一起,结果是产业荡光,道德丧尽。

——普希金

不要认为别人的给予理所当然,感谢你所得到的,并且不再奢求更多。 ——《人间值得》

静与动

静若止水观天地,动如流云写春秋。静能生慧明心见性,动能成事破局开新。静时修心,动时砺行。一张一弛,乃生命真谛。

人生就该大闹一场，悄然离去。——金庸

清空你的思想，变得无形、无状，像水一样。你把水倒进杯子，它就变成杯子的形状；你把水倒进瓶子，它就变成瓶子的形状；把水倒进茶壶，它就变成茶壶的形状。水可以静静流动，亦能猛烈冲击。——李小龙

我在农村生活多年，发现遇到特别大的事情的时候，女性往往比男性镇静，因为女人多了一层属性——母性。——莫言

心安茅屋稳，性定菜根香。世事静方见，人情淡始长。
——星云大师

动静有常。——《周易》

静胜躁，寒胜热。清静，为天下正。——老子

夫物芸芸，各归其根。归根曰"静"，静曰"复命"。复命曰"常"，知常曰"明"。——老子

重为轻根，静为躁君。是以君子终日行不离辎重。虽有荣观，燕处超然。奈何万乘之主，而以身轻天下？轻则失根，躁则失君。——老子

子在川上曰："逝者如斯夫，不舍昼夜。"——孔子

天地合而万物生，阴阳接而变化起。——荀子

无视无听，抱神以静，形将自正。——庄子

心欲安静，虑欲深远。心安静则神明荣，虑深远则计谋成。
——鬼谷子

将军之事，静以幽，正以治。
——孙武

须臾之间，变化无穷。
——宋玉

有起于虚，动起于静。
——王弼

天地万物无时不移也。
——郭象

变化者，乃天地之自然。
——葛洪

江河之溢，不过三日；飘风暴雨，须臾而毕。——刘向

寒不累时，则霜不降；温不兼日，则冰不释。——王充

积于柔则刚，积于弱则强，观其所积，以知祸福之乡。
——《淮南子》

夫学须静也，才须学也，非学无以广才，非志无以成学。
——诸葛亮

夫君子之行，静以修身，俭以养德，非淡泊无以明志，非宁静无以致远。——诸葛亮

结庐在人境，而无车马喧。

问君何能尔，心远地自偏。
　　　　　　——陶渊明

众少成多，积小致巨。
　　　　　　——《汉书》

内以养己，安静虚无。
　　　　　　——魏伯阳

静以养身，俭以养性。
　　　　　　——《南史》

养静为摄生首务。——曹庭栋

为心静然，可以长生。
　　　　　　——马齐

淡中交耐久，静里寿延长。
　　　　　　——王永彬

动兮静所伏，静兮动所倚。
　　　　　　——白居易

自静其心延寿命，无求于物长精神。　　　　——白居易

但将冷眼看螃蟹，看你横行到几时。　——《增广贤文》

闹里有钱，静处安身。
　　　　　　——《增广贤文》

一忍可以支百勇，一静可以制百动。　　　　——苏洵

心平气定，而身体之安和舒泰不可言。　　　——薛瑄

宽泰自居，恬淡自守，则神形安静，灾病不生。——李昉

试问岭南应不好。却道，此心安处是吾乡。　——苏东坡

动静不息之谓道。——杨万里

变化之道无处可逃也。
　　　　　　——杨慎

动极则自然静，静极则自然动。　　　——《朱子语类》

方其动时，则不见静；方其静时，则不见动。——《朱子语类》

动静相因，动则有静，静则有动。　　　——程颢、程颐

动而无静，静而无动，物也；动而无动，静而无静，神也。
　　　　　　——周敦颐

阴阳代谢，四时往来，消息盈虚，与时偕行，故不召而自来。
　　　　　　——王安石

事幻于不定，亦幻于有定。以常行者而变之，复以常变者而变之，变乃无穷。可行则再，再即穷，以其拟变不变也。不可行则变，变即再，以其识变而复变也。万云一气，千波一浪，是此也，非此也。　　——揭暄

动静互涵，以为万变之宗。
　　　　　　——王夫之

静之极而后动，动之极而后静。　　　　——王夫之

星星之火，遂成燎原。
　　　　　　——张居正

寓情最觉静可乐，玩物始知闲不争。　　　　——康熙

千磨万击还坚劲，任尔东西

南北风。　　　——郑板桥

水静极则形象明，心静极则智慧生。　　——《昭德新编》

潜其心，观天下之理；定其心，应天下之变。

——《格言联璧》

闹时练心，静时养心，坐时守心，行时验心，言时省心，动时制心。　　——《格言联璧》

天地间真滋味，惟静者能尝得出；天地间真机括，惟静者能看得透。　　——《格言联璧》

心易激动，我则求静；事恒纷忙，我则求闲；居多恩怨，我则求淡。此为做人三昧。

——归终居士

养心之功课有二：一静坐之养心，二阅历之养心。——梁启超

心境要养到淡静闲适，力拒外物之攻伐，时时如行云流水，脱然无累，最好。　　——陶觉

热闹中著一冷眼，便省许多苦心思；冷落处存一热心，便得许多真趣味。　　——《菜根谭》

人类以往的社会，似乎是一动一静的。我们试看，任何一个社会，在以往，大都有个突飞猛进的时期。隔着一个时期，就停滞不进了。再阅若干时，又可以突飞猛进起来。已而复归于停滞。如此更互不已。这是什么理由？解释的人，说节奏是人生的定律。个人如此，社会亦然。

——吕思勉

怎样度过人生的低潮期？安静地等待；好好睡觉；锻炼身体，无论何时好的体魄都用得着；和知心的朋友谈天，基本上不发牢骚，主要是回忆快乐的时光；多读书，看一些传记，增长知识，顺带还可瞧瞧别人倒霉的时候是怎么挺过去的；趁机做家务，把平时忙碌顾不上的活儿都干完。　　——毕淑敏

心浮气躁，是成不了大气候的。静是要经过锻炼的，古人叫做"习静"。　　——汪曾祺

平心静气，心情自然好；虚心谦下，人缘自然好。——星云大师

用平静的心感受一切大千世界的动静，从平常眼睛所疏忽处看出动静的美，用略见矜持的情感去接近一切。　　——沈从文

心不妄念，身不妄动，口不妄言，君子所以存诚。内不欺己，外不欺人，上不欺天，君子所以慎独。　　——《格言联璧》

忙里偶然偷闲，闹中偶然习静，于身于心，都有极大裨益。

——朱光潜

很多人的内心不怕苦难，怕的是不安定。　　——蔡崇达

心静是最好的养生之道。
　　　　　　　——杨振宁

千金不足惜，宁静价连城。
　　　　　　　——莫泊桑

雕像本来就在石头里，我只是把不要的部分去掉。
　　　　　　——米开朗基罗

有一种方法可以获得恬静。我认为，这种方法不仅对我，而且对所有人都是行之有效的。这个办法是临窗遥望繁星。
　　　　　　　——爱默生

无论城市还是乡村，都不能给我们提供幽静的环境，幽静在我们心灵的深处。
　　　　　　——约瑟夫·鲁

你将会发现：垂钓是人类的一种美德，它具有平心静气的精神和祈祷万福的境界。
　　　　　　——艾·沃尔顿

悲与喜

悲如秋雨涤尘，喜似春阳暖心。悲喜皆是人生味，不因物伤，不为己忧。以悲炼心，以喜养性，看透悲欣交集处，可得自在从容。

笑到肚子痛，比哭到心痛好。
　　　　　　——电影《桃姐》

人有喜怒哀乐，犹天之有春夏秋冬。　　　——董仲舒

大怒不怒，大喜不喜，可以养心。　　　　　——钱琦

人誉之，一笑；人骂之，一笑。　　　　　　——齐白石

白发三千丈，缘愁似个长。
　　　　　　　——李白

莫见长安行乐处，空令岁月易蹉跎。　　　　——李颀

春风得意马蹄疾，一日看尽长安花。　　　　——孟郊

乐人之乐，人亦乐其乐；忧人之忧，人亦忧其忧。——白居易

前不见古人，后不见来者。念天地之悠悠，独怆然而涕下。
　　　　　　　——陈子昂

问君能有几多愁，恰似一江春水向东流。　　——李煜

知我意，感君怜，此情须

问天。　　　　　——温庭筠

梧桐更兼细雨，到黄昏、点点滴滴。这次第，怎一个愁字了得？
　　　　　　　　——李清照

喜怒哀乐好恶欲，未发于外而存于心，性也；喜怒哀乐好恶欲，发于外而见于行，情也。
　　　　　　　　——王安石

人逢喜事精神爽，月到中秋分外明。　　——冯梦龙

逆境顺境看襟度，临喜临怒看涵养。　　——《格言联璧》

情多最恨花无语，愁破方知酒有权。　　　　——郑谷

人生由来不满百，安得朝夕事隐忧。　　　　——于谦

恼一恼，老一老；笑一笑，少一少。　　　——钱大昕

丈夫有泪不轻弹，只因未到伤心处。　　　　——李开先

社会就像一面镜子，你对它笑笑，它也不会对你愁眉苦脸。
　　　　　　　　——董秀蕾

大悲，而后生存，胜于不死不活地跟那些小哀小愁日日讨价还价。　　　　——三毛

伤心没有可能一次摊还，它是被迫的分期付款。即使人有本钱，在这件事上，也没有办法快速结账。　　　　——三毛

女人的眼泪可以征服一切：慈母的眼泪有神圣的力量，情人的眼泪有暴君的力量，女儿的眼泪有挖心的力量，无一不所向无敌。
　　　　　　　　——柏杨

人生就是苦恼。所以人一出娘胎，开口第一声就是哭。绝没有一见天日就大笑的。哭先于笑，是人生的途径。笑不过是偶尔的表示而已。　——宣永光

假如生活欺骗了你，不要忧郁，也不要愤慨！不顺心的时候暂且容忍，相信吧，快乐的日子就会到来。　　——普希金

一个人若没有可供休息的床铺，没有欢迎他旅行归来的晚间灯火，他的命运确实是很可悲的。
　　　　　　　　——泰戈尔

你自己先要笑，才能引起别人脸上的笑容。同样，你自己得哭，才能在别人脸上引起哭的反应。
　　　　　　　　——贺拉斯

和你一同笑过的人，你可能把他忘掉；但是和你一同哭过的人，你却永远不忘。——纪伯伦

当你的欢乐和悲哀变大的时候，世界就变小了。——纪伯伦

笑主要是一种人对不相容的事情的反应。　　——柏格森

对一切事情发笑就像为一切

事情哭泣一样奇蠢无比。
——格拉西安

悲伤可以自行料理，然而欢乐的滋味如果要充分体会，就需要有人分享才行。
——马克·吐温

如果生活得不合乎理性、不合乎道德、不合乎情理，也就不会生活得愉快。——伊壁鸠鲁

要想体验"至高无上的欢乐"，则必然要有"悲伤至死"的准备。——尼采

悲观的人虽生犹死，乐观的人永葆青春。——拜伦

与其为过去悲悼，不如为将来高兴。——陶菲格·哈基姆

如果人们不对悲伤屈服，过度的悲伤不久就会自己告终。
——莎士比亚

适当的悲哀可以表示感情的深切，过度的伤心却可以证明智慧的欠缺。——莎士比亚

悲伤紧随欢乐而至，这是我们人类的命运，也是上天的旨意。
——普劳图斯

只有在他感到欢喜或苦痛的时候，人才认识到自己；人也只有通过欢喜和苦痛，才学会什么应追求和什么应避免。——歌德

悲愁这种感情原也不可能作为人的一种精神状态长期存在，它一定要从进行某种艰巨工作的活动中去寻找出路。——泰戈尔

苦与乐

苦似良药涤魂，乐如甘霖润心。苦中藏悟方为真智，乐极生悲终是虚欢。人生百味，嚼得菜根则苦亦回甘，沉溺逸乐则甘终成苦。

不怕苦，苦半辈子；怕苦，苦一辈子。——李敖

乐不以忧而废，忧亦不以乐而忘。——罗大经

哀莫大于心死，愁莫大于无志。——庄子

山重水复疑无路，柳暗花明又一村。——陆游

患难困苦，是磨炼人格之最高学校。——梁启超

得即高歌失即休，多愁多恨亦悠悠。今朝有酒今朝醉，明日愁来明日愁。
——罗隐

益者三乐，损者三乐。乐节礼乐，乐道人之善，乐多贤友，益矣。乐骄乐，乐佚游，乐宴乐，损矣。
——孔子

人莫乐于闲，非无所事事之谓也。闲则能读书，闲则能游名胜，闲则能交益友，闲则能饮酒，闲则能著书。天下之乐，孰大于是？
——张潮

古人云："比上不足，比下有余。"此最是寻乐妙法也。将啼饥者比，则得饱自乐；将号寒者比，则得暖自乐；将劳役者比，则优闲自乐；将疾病者比，则康健自乐；将祸患者比，则平安自乐；将死亡者比，则生存自乐。
——《浮生六记》

人生得意须尽欢，莫使金樽空对月。
——李白

天下之乐无穷，而以适意为悦。
——苏辙

人生是患难与欢乐所组成的。
——陶行知

个人的痛苦与欢乐，必须融合在时代的痛苦与欢乐里。
——艾青

人世也好，六道也好，忙忙碌碌，辛辛苦苦，恩恩怨怨。
——莫言

人生要有意义，只有发扬生命，快乐就是发扬生命的最好方法。
——张闻天

要强健起来，勇敢起来，应该忍受一切苦难而存在，不要让苦痛埋藏了我。
——巴金

生命中不是只有快乐，也不是只有痛苦，快乐和痛苦是相生相成、互相衬托的。
——冰心

人不管走到哪一步，总得找点乐子，想一点办法，老是愁眉苦脸的，干嘛呢！
——汪曾祺

人生有两大快乐，一是没有得到你心爱的东西，于是你可以去寻求和创造；另一种是得到了你心爱的东西，于是你可以去品味和体验。
——周国平

快乐是从艰苦中来的。只有经过劳作，经过奋斗得来的快乐，才是真快乐。不可能从天上掉下来一个快乐给你享受。而且快乐常常不是要等到艰苦之后，而是在艰苦之中。
——谢觉哉

只有快乐的哲学，才是真正深湛的哲学；西方那些严肃的哲学理论，我想还不曾开始了解人生的真义哩！在我看来，哲学的唯一效用是叫我们对人生抱一种比一般商人较轻松较快乐的态度。

——林语堂

快乐在人生里,好比引诱孩子吃药的方糖,更像跑狗声里引诱狗赛跑的电兔子。几分钟或几天的快乐赚我们活了一世,忍受着许多痛苦。我们希望它来,希望它留,希望它再来——这三句话概括了整个人类努力的历史。

——钱锺书

痛苦这东西,天生应该用来藏在心底,悲伤天生是要被努力节制的,受到的伤害和欺骗总得去原谅。　　——《我的阿勒泰》

人啊,活着时受了再多的苦,到了快死的时候也会想个法子来宽慰自己。　　——《活着》

不要试图通过改变他人来获得快乐,而是想"自己如何做才会快乐"或"怎么努力让自己在这里心情愉快地度过",我觉得这才是应该考虑的关键。

——《人间值得》

不管怎样困难,不要求人怜悯。　　　　——柏拉图

总是乐呵呵的人最能说明他聪明。　　　　——蒙田

谁害怕受苦,谁就已经因为害怕而在受苦了。——蒙田

快乐是经常造访的来客,而痛苦则残忍地缠绕着我们。

——济慈

快乐是一种香水,无法倒在别人身上而自己不沾上一些。

——爱默生

苦和甜来自外界,坚强则来自内心,来自一个人的自我努力。

——爱因斯坦

上学后,人们问我长大了要做什么,我写下了"快乐"。他们告诉我,我理解错了题目;我告诉他们,他们理解错了人生。

——约翰·列侬

激励人们自力更生、艰苦奋斗的苦难对人是百利而无一害的,这远比漠然、散漫、慵懒地打发时间强。

——塞缪尔·斯迈尔斯

我的信条是,快乐是唯一的良善。快乐的地方就是此处,快乐的时间就是此时,快乐的方法是帮助别人也这样做。

——英格索尔

挫折就像一块石头,对于弱者来说,它是块绊脚石,让你却步不前;对于强者来说,却是块垫脚石,使你站得更高、看得更远。

——巴尔扎克

世界上的事物永远不是绝对的,结果完全因人而异,苦难对

天才是一块垫脚石，对能干的人是一笔财富，对弱者是一个万丈深渊。　　　——巴尔扎克

我们的思想处于愉悦时刻的一种心理状态，就是快乐。

——约翰·辛德勒

牙齿痛的人，想世界上有一种人最快乐，那就是牙齿不痛的人。　　　　——萧伯纳

一切欢乐都是无聊的，最大的无聊莫过于以痛苦为代价换取的无聊。　　　——莎士比亚

据说没有经历贫穷、爱情和战争的人，就没有充分尝到人生的甘与苦。　　——欧·亨利

快乐是生命唯一的意义，没有快乐的地方，人类的生活会变得疯狂而可怜。——桑塔亚那

所谓内心的快乐，是一个人过着健全的、正常的、和谐生活所感到的快乐。——罗曼·罗兰

正直之人艰苦奋斗，然后享有欢乐；诡诈之人则尽情享乐，然后经受痛苦。——富兰克林

生命是建立在痛苦之上的，整个生活贯穿着痛苦。

——罗曼·罗兰

不要慨叹生活的痛苦！慨叹是弱者！　　　——高尔基

出类拔萃的人，都是通过痛苦而得到快乐。　　——胡赫

卓越的人的一大优点是，在不利和艰难的遭遇里百折不挠。

——培根

不是胜利便是苦难，如果是苦难，那么这苦难也是胜利，不过是未来的胜利。

——列夫·托尔斯泰

不受痛苦，得不到胜利；不践荆棘，得不到王座；不饮怨毒，得不到光荣。——波恩

乐观者于一个灾难中看到一个希望，悲观者于一个希望中看到一个灾难。　　——伊壁鸠鲁

不能明智地、真正地、如愿地生活，就无法快乐地生活；同样，不能快乐地生活，也就不会明智地、正直地、富裕地生活。

——伊壁鸠鲁

一个聪明人如果是忧郁的，总会找出足够的使自己忧郁的原因；如果他是快乐的，也会找到足够的快乐的原因。往往同一个原因既能使人忧郁，也能使人快乐。

——阿兰

善良正直的人必须遭受苦难，他们的理想才能传播和推广。你必须摇动瓶子，或是把它打碎了，才能把里面的香气散发出来；你必须敲打石头，才能迸

发出火花！ ——黎萨尔

无论多么强烈的痛苦，对于任何一个能够看出这痛苦给人带来非同一般的裨益的人，都会丧失效力。 ——卢梭

真正的痛苦会自然而然地流露出来，即使在一个努力掩藏痛苦、绝不扰及旁人的人也是如此。
——莫罗阿

最有意义的快乐，莫过于给别人带来欢乐。 ——拉布吕耶尔

不是一切快乐，只有正直高尚的快乐才能构成幸福。
——托马斯·莫尔

充满着欢乐与战斗精神的人们，永远带着快乐，欢迎雷霆与阳光。 ——赫胥黎

要想从别人那里得到快乐，其乐倍增。独享快乐只能使人意志消沉。 ——克里索斯托姆

快乐既然是人类和兽类所共同追求的东西，那么从某种意义上说，它就是最高的善。
——亚里士多德

快乐的一面必然伴有痛苦，痛苦的一面必然伴有快乐。可见人心是不能达到绝对快乐之境的，但是只要努力求其客观，并与自然一致，就能保持无限的幸福。 ——西田几多郎

我们给我们的悲痛以某种托词，但引起悲痛的常常不过是利益和虚荣。 ——拉罗什富科

痛苦远较快乐容易使人感受，痛苦总是要追究它的起因，而快乐是只图保持现状而从不往后看。 ——尼采

自然界置人类于两位最高统治者控制之下：痛苦和快乐。正是痛苦和快乐指引人们该做什么，决定去做什么。 ——边沁

假如生活欺骗了你，不要悲伤，也不要气愤！在愁苦的日子里要心平气和，相信吧，快乐的日子会来临。心儿为将来而热烈地跳动，眼前的事情虽叫人悲戚，但一切转眼就会消逝，事情一过去便成为欢愉。 ——普希金

生活的快乐与否，完全取决于个人对人、事、物的看法如何，因为，生活是由思想造成的。
——卡耐基

对有血有肉的人来说，眼前的快乐比模糊不清的未来美景更具有吸引力。 ——约·德莱顿

快乐只能不期而遇。——麦西

幻想出来的痛苦一样可以伤人。 ——海涅

痛得厉害的必短，痛得长久的必轻。 ——西塞罗

寻求欢乐的人永远找不到他们的欢乐。　　——哈伯德

一个人的崇高源于认识到自己的痛苦。　　——帕斯卡

要想从别人那里得到快乐，就必须先给别人快乐。

——詹·汤姆逊

人的才能就在于使生活快乐，在于用灿烂的色彩，使他生命的阴暗环境明亮起来。

——伊巴涅斯

凡人不会因为自己没有成为帝王而痛苦，可是被废黜的帝王却会因为自己成了一个凡人而痛苦万分。　　——雷纳·克莱尔

灾难是我们能真正照见自己最完善的镜子。　　——达万南特

苦难磨炼一些人，也毁灭另一些人。　　——托·富勒

快乐和不适决定了有利与有害之间的界限。　　——德谟克利特

自愿的辛苦，使我们能较容易地忍受不自愿的辛苦。

——德谟克利特

一切的痛苦毕竟是懦弱的表现，在坚强有力的生活感召下自会悄悄隐退。　　——茨威格

保持快乐，你就会干得好，就会更成功、更健康，对别人也就更仁慈。

——马克斯威尔·马尔兹

人生好比两瓶必要喝的酒，一瓶是甜的，一瓶是酸苦的，先喝了甜蜜的，其后必然是酸苦。

——萧伯纳

执与放

执如握沙，愈紧愈失；放似观云，去留随心。执念生苦，放下得安。强求者困于方寸，洒脱者自在乾坤。该执时竭尽全力，当放时云淡风轻。

活到这个年纪，我已没有兴趣给别人留下所谓的好印象。我现在想通了，怎么开心怎么过。

我们终究会明白，没有什么是过不去的，不管是人还是物，丢失了就不要去在意它，活得自私一

点吧！　——电影《哪吒闹海》

人生哪能多如意，万事只求半称心。　——杭州灵隐寺对联

人要学会放下，放下是一种饶人的善良，也是饶过自己的智慧。
——麦家

一切有为法，如梦幻泡影，如露亦如电，应作如是观。
——《金刚经》

色不异空，空不异色，色即是空，空即是色。　——《心经》

天地不仁，以万物为刍狗；圣人不仁，以百姓为刍狗。
——老子

人生而有欲，欲而不得，则不能无求；求而无度量分界，则不能不争。争则乱，乱则穷。
——荀子

命里有时终须有，命里无时莫强求。　——《增广贤文》

憎爱不关心，长伸两脚卧。
——六祖慧能

种树者必培其根，种德者必养其心。　——王阳明

昨日之非不可留，今日之是不可执。　——《菜根谭》

世事茫茫，光阴有限，算来何必奔忙！人生碌碌，竞短论长，却不道荣枯有数，得失难量。
——《浮生六记》

人生在世，度量放宽些，一切好歹都要容得；眼界放大些，一切高下都要包得。——石成金

生活本不苦，苦的是欲望过剩；人心本不累，累的是牵挂太多。执于一念，会受困于一念；一念放下，会自在于心间。
——李叔同

凡是你想控制的，其实都控制了你。当你什么都不想要的时候，天地都是你的。——李叔同

胸怀广大，须从"平淡"二字用功。凡人我之际，须看得平；功名之际，须看得淡。
——蔡锷

宽宏大量是一种美德。它是由修养和自信、同情和仁爱组成的。一个宽宏大量的人快乐必多，烦恼必少。　——罗兰

天底下最容易的事莫过于责备人，只要一开口，就好像从悬崖上栽下来的飞车，停也停不了，刹也刹不住。　——柏杨

人是一种会犯错的动物，也是一种会做出不可靠之事的动物，努力挑剔的结果，每个人都成了虎豹豺狼。　——柏杨

不要长久地仇恨任何人与事。这种心态——焚烧如同炼狱的苦痛，真正受到伤害的，只有

自己。　　　　　　　——三毛

　　折磨你的从来都不是任何人的情绪，而是你心存幻想的期待。世界万物都在治愈你，唯独你不肯放过你自己。　——三毛

　　不要以为世界上的人都在关心你的事，你是不是以为人人都在盯着你？其实，各人有各人的烦心事，没人管你这档子事。

　　　　　　　　　　——莫言

　　人心里真的有一片海，一直在翻滚着，而自己的魂灵如果没有一个重重的东西去压住——类似于压舱石的东西，只要某一刻某一个小小的情绪的浪过来，魂灵就会被这么打翻，沉入那海底去了。　　　　　——蔡崇达

　　潇洒是一种心态，一种精神，一种拿得起放得下的豁达，是一副饱经沧桑而又自得其乐的欢愉。　　　　　　——王蒙

　　急流勇退自古难。——王蒙

　　不经意的修饰如果点到为止常常有出奇制胜的收获，刻意的追求一旦过度则难免弄巧成拙。

　　　　　　　　　——沈嘉禄

　　少年贪玩，青年迷恋爱情，壮年汲汲于成名成家，暮年自安于自欺欺人。人寿几何，顽铁能炼成的精金，能有多少？我们曾如此渴望命运的波澜，到最后才发现，人生最曼妙的风景，竟是内心的淡定与从容；我们曾如此期盼外界的认可，到最后才知道，世界是自己的，与他人毫无关系。　　　　　　——杨绛

　　心灵的房间，不打扫就会落满灰尘。蒙尘的心，会变得灰暗和迷茫。我们每天都要经历很多事情，开心的，不开心的，都在心里安家落户。心里的事情一多，就会变得杂乱无序，然后心也跟着乱起来。有些痛苦的情绪和不愉快的记忆，如果充斥在心里，就会使人萎靡不振。所以，扫地除尘，能够使黯然的心变得亮堂；把事情理清楚，才能告别烦乱；把一些无谓的痛苦扔掉，快乐就有了更多更大的空间。

　　　　　　　　　——史铁生

　　有时候，我们活得很累，并非生活过于刻薄，而是我们太容易被外界的氛围所感染，为他人的情绪所左右。其实你是活给自己看的，没有多少人能够把你留在心上。　　　　——白岩松

　　保持适当的钝感，遇事"迟钝"点，不要凡事都放在心上。当我们试着不去计较那些无足轻重的小事时，心中也就没了那么多

累赘，整个人也会轻松自在许多。
——《人民日报》

我们改变不了环境，但是可以改变自己；我们改变不了事实，但是可以改变态度；我们改变不了过去，但是可以改变现在；我们不能控制他人，但是可以掌握自己；我们不能预知明天，但是可以把握今天；我们不能样样顺利，但是可以事事尽心；我们不能延长生命的长度，但是可以决定生命的宽度。
——佚名

人生总有些悔不当初的遗憾，这就是学费。如果再给一次机会，可能你照样还是会不够珍惜，这就是人性。所以，错过的，就此别过；未来的，敬请期待。
——苏芩

凡是错过的或失去的，永远补不回来，越补越失望。不如接受现实，在内心彻底放下他们，反而能够得到新的。
——韩三奇

尚未被生活磨平棱角的天真，是人生中宝贵的礼物。释怀不只是告别过去，更是迎接更美好的未来。
——电视剧《人生之路》

老天是公平的，给你多少一定得拿走多少。你看挑担子的人，两头得一样沉才能走得远。一头沉一头轻你试试？走不了几步你就得停下。
——《姥姥语录》

见了便做做了便放下了了有何不了，慧生于觉觉生于自在生生还是无生。
——成都文殊院对联

宇宙间只有一个永不改变的法则，那就是一切都在改变，一切都是无常。
——索甲仁波切

一个人必须对他要做的事情做出取舍，不可能面面俱到。
——施一公

因为我们自己也有做各种错事的可能，所以更有原谅他人的必要。
——梁遇春

月亮虽好，但萤火虫更好。
——赵鑫珊

缘起性空。
——释迦牟尼

宽容是荆棘丛中长出来的谷粒。
——普列姆昌德

喜欢伤害别人的人，自己却容不得任何伤害。
——托·富勒

一个伟大的人有两颗心：一颗心流血，一颗心宽容。
——纪伯伦

过去都是假的，回忆没有归路，春天总是一去不返。
——马尔克斯

把每一天都当成生命中的最

后一天，你就会轻松自在。

——乔布斯

不问苦乐，不问得失，不计成败，尽你的力量战斗。

——罗曼·罗兰

对于所受的伤害，宽恕比复仇更高尚，鄙视比雪耻更有气派。

——富兰克林

我们一路奋战，不是为了改变世界，而是为了不让世界改变我们。

——电影《熔炉》

如果工作让你一直做出巨大的牺牲，那一定要果断离开，毫不犹豫。

——《人间值得》

无论你成为谁，无论你把自己变成了什么，那就是你本来的样子。它一直在你心中。

——《你当像鸟飞往你的山》

谅解也是一种勉励、启迪、指引，它能催人弃恶从善，使歧路人走入正轨，发挥他们的潜力。

——穆尼尔·纳素夫

世界上最广阔的是海洋，比海洋更广阔的是天空，比天空更广阔的是人的心灵。

——雨果

人的脆弱和坚强都超乎自己的想象。有时，我可能脆弱得一句话就泪流满面；有时，也发现自己咬着牙走了很长的路。

——雨果

人与人天天密切地接触，要互相付出代价的：要仅仅欣赏对方的优点，而不刺痛对方的缺点，也不被对方刺痛缺点，双方都需要有多方面的生活经验、理智和诚挚的热情。

——冈察洛夫

虽然整个社会都建立在互不相让的基础上，可良好的关系却是建立在宽容相谅的基础上的。

——萧伯纳

为了使每个人都能表白他的观点而无不利的后果，在全体人民中，必须有一种宽容的精神。

——爱因斯坦

死都不怕的人，还有什么可怕的呢？

——席勒

谁能谅解人，谁就能拯救人。

——尤·邦达列夫

谁承认了自己的罪过，谁就能得到宽恕。

——格林兄弟

宽容的人最为性急，耐受力强的人最不宽容。

——贝尔奈

以恶报恶是不对的，最好饶恕别人。

——陀思妥耶夫斯基

只要一个人原谅了别人，他自己就是对的。

——列夫·托尔斯泰

宽容产生的道德上的震动比责罚产生的要强烈得多。

——苏霍姆林斯基

宽恕而不忘却，就如同把斧头

埋在土里而把斧柄留在外面一样。
——巴斯克里

应当善于原谅弱点，甚至原谅恶习，应当善于同情，而不是善于严惩。
——罗佐夫

从最广博的意义讲，宽容这个词从来就是一个奢侈品，购买它的人只会是智力非常发达的人。
——房龙

宽容与专横之争一直此起彼落，一方把宽容奉为人类的最高美德，另一方却诋毁它是道德观念衰弱的产物。
——房龙

我站在一楼，有人骂我，我听到了很生气。我站在十楼有人骂我，我听不太清楚，还以为他在和我打招呼。我站在一百楼有人骂我，我根本看不见，也听不见。一个人之所以会痛苦，是因为他没有高度。高度不够，看到的都是问题；格局太小，纠结的都是鸡毛蒜皮。
——稻盛和夫

谦与傲

谦如稻穗低头立，傲似稗草昂首空。谦者聚智如海纳百川，傲者损德似堤溃蚁穴。水低成海，人低成王；锋芒太露终折锐，虚怀若谷自生光。

谦退是保身第一法，安详是处世第一法，涵容是待人第一法，恬淡是养心第一法。
——李叔同

满招损，谦受益。
——《尚书》

劳谦君子，万民服也。
——《周易》

人生大病，只是一"傲"字。
——王阳明

不自见，故明；不自是，故彰。
——老子

傲不可长，欲不可纵，志不可满，乐不可极。
——《礼记》

不登高山，不知天之高也；不临深溪，不知地之厚也。
——荀子

傲骨不可无，傲心不可有。无傲骨则近于鄙夫，有傲心不得为君子。
——张潮

扶危周急，固为美事；能不自夸，则其德益厚。——《史典》

反听之谓聪，内视之谓明，自胜之谓强。——司马迁

世间万事忌孤高。——吴承恩

盛满易为灾，谦冲恒受福。——张廷玉

为人第一谦虚好，学问茫茫无尽期。——冯梦龙

好说己长便是短，自知己短便是长。——申居郧

不满足是向上的车轮。——鲁迅

人不可有傲气，但不可无傲骨。——徐悲鸿

历览古今多少事，成由谦逊败由奢。——陈毅

我不配做一盏明灯，那么就让我来做一块木柴吧！——巴金

虚伪的谦虚，仅能博得庸俗的掌声，而不能求得真正的进步。——华罗庚

一知半解的人，多不谦虚；见多识广有本领的人，一定谦虚。——谢觉哉

骄傲自满是我们的一座可怕的陷阱，而且，这个陷阱是我们自己亲手挖掘的。——老舍

一分钟一秒钟自满，在这一分一秒间就停止了自己吸收的生命和排泄的生命。——徐特立

对骄傲的人不要谦逊，对谦逊的人不要骄傲。——杰弗逊

骄傲、嫉妒、贪婪是三个火星，它们使人心爆炸。——但丁

放谦虚点。自己把自己捧得太高，摔下来可会粉身碎骨。——萨特

在谦虚里包含着一个人的道德力量和纯洁，而吹牛则表现了一个人的渺小和无知。——康·帕乌斯托夫斯基

蠢材妄自尊大，他自鸣得意的，正好是受人讥笑奚落的短处，而且往往把应该引为奇耻大辱的事，大吹大擂。——克雷洛夫

在骄傲自大和虚伪的谦逊之间，我宁愿选择骄傲。骄傲至少能有所成就，而虚伪的谦虚却无所作为。——弗兰克

伟人多谦虚，小人多骄傲。太阳穿一件朴素的光衣，白云却披了灿烂的裙裾。——泰戈尔

对自己不满意，是任何真正有天才的人的根本特征。——契诃夫

第四辑　事业进阶

变化的是职业，不变的是优势和能力。

智与愚

智似明灯照夜,愚同迷雾障目。智者求知若渴,愚者固步自封。大智若愚藏锋芒,小聪明反被误。世间真愚,莫过于以愚为智;人生至智,常在于知愚求进。

活下去的诀窍是,保持愚蠢,又不能知道自己有多蠢。
——王小波

邦有道,则知;邦无道,则愚。
——孔子

智者之言,固非愚者之所晓。
——列子

智者顺时而谋。
——《后汉书》

智者之所短,不若愚者之所长。
——刘向

愚者暗于成事,智者见于未萌。
——《战国策》

大智不智,大谋不谋,大勇不勇,大利不利。
——姜子牙

尺有所短,寸有所长;物有所不足,智有所不明。
——屈原

智极则愚也。圣人不患智寡,患德之有失焉。才高非智,智者弗显也。位尊实危,智者不就也。大智知止,小智惟谋,智有穷而道无尽哉。谋人者成于智,亦丧于智也。谋身者恃其智,亦舍其智也。智有所缺,深存其敌,慎之少祸焉。智不及而谋大者毁,智无歇而谋远者逆。智者言智,愚者言愚,以愚饰智,以智止智,智也。
——《止学》

大聪明的人,小事必朦胧;大懵懂的人,小事必伺察。盖伺察乃懵懂之根,而朦胧正聪明之窟也。
——《菜根谭》

智而能愚,则天下之智莫加焉。
——刘伯温

小聪明的人,往往不能快乐;大智慧的人,经常笑口常开。
——三毛

我最喜欢别人将我看成傻瓜,这样与人相处起来就方便多了。
——三毛

最有智慧的人常常假装做

"傻瓜"。　　　——林语堂

上智者必不自智，下愚者必不自愚。　　　——陈确

智者辩论其原因，愚者决定其原因。　　　——荷马

智者从他的敌人那儿学到知识。　　　——阿里斯托芬

我们最稳当的保证人是自己的智慧。　　　——华盛顿

智者是为获得最大成就的人保留的称号。　　　——塞涅卡

神明无所畏惧是因其本性如此，智者无所畏惧却要归功于他自己的努力。　　　——塞涅卡

一个击败狂热者恰恰因为他本人并不狂热，正相反，他充分运用了自己的智力。
　　　——乔治·奥威尔

如果离开不良环境，那么人的智慧就会表现出来，而且他的性格也会日臻完善。
　　　——车尔尼雪夫斯基

聪明人常从万物中有所感悟，因为他所得到的才能本是从一切事物中汲取的精华。
　　　——罗斯金

如果一个聪明人干了一件蠢事，那就不会是一件小小的蠢事。　　　——歌德

智者宁可防病于未然，不可治病于已发；宁可勉力克服痛苦，免得为了痛苦而追求慰藉。
　　　——托马斯·摩尔

智慧是做事用的，对于灵魂来说，靠的是信仰。　——高尔基

创造靠智慧，处世靠常识。有常识而无智慧，谓之平庸；有智慧而无常识，谓之笨拙。智慧是一切力量中最强大的力量，是世界上唯一自觉活着的力量。
　　　——高尔基

智慧最后的结论是，生活也好，自由也好，都要天天去赢取，这才有资格去享有它。
　　　——歌德

主宰世界的有三个要素，那就是智慧、光辉和力量！
　　　——歌德

一个杰出人物受到一伙傻瓜的赏识，是可怕的事。　——歌德

智者和愚人都没有害，最危险的倒是智愚参半。　——歌德

可以遇到上千个学者，但不一定碰上一个智者。——克林凯尔

智慧之书的第一章，也是最后一章，就是"天下没有白吃的午餐"。　　——洛克菲勒

从智慧的土壤中生出三片绿芽：好的思想，好的语言，好的行动。　　　——希腊谚语

好人之所以好是因为他是有智慧的，坏人之所以坏是因为人是愚蠢的。　　——柏拉图

狡猾，我们应将它看作是一种邪恶的聪明。　　——培根

智慧、友爱，这是照明我们的黑夜的唯一光亮。——罗曼·罗兰

精神像乳汁一样是可以养育人的，智慧便是一只乳房。

——雨果

人的智慧掌握着三把钥匙：一把开启数学，一把开启字母，一把开启音符。知识、思想、幻想就在其中。　　——雨果

智慧不仅仅存在于知识之中，而且还存在于运用知识的能力。

——亚里士多德

智慧有三果：一是思虑周到；二是语言得当；三是行为公正。

——德谟克利特

有一种"大人物"使所有的人都觉得自己很渺小；真正的大人物，使每个人都觉得自己很伟大。

——埃文·埃萨尔

人类伟大的领袖乃是那些能使人从半睡眠状态中觉醒过来的人。人类最大的敌人则使人类陷于沉睡之中，而不管人类安眠药是对上帝的崇拜还是对金钱的崇拜。

——埃里希·弗洛姆

聪明人的特点有三：一是劝别人做的事自己去做，二是决不去做违背自然界的事，三是容忍周围人的弱点。　——列夫·托尔斯泰

从伟大的认知能力和无私的心情结合之中最易于产生出思想智慧来。　　　　——罗素

伟人的标志之一是他具有给遇见他的人留下难忘印象的力量。

——尼克松

任何伟大事业的成就都离不开伟人，人只有当他们下定决心成为伟人时才会成为伟人。

——戴高乐

智力和能力并不相同，前者表示理解力强，而后者则表示能在理解的基础上明智地行动。

——怀特海

蠢才妄自尊大。他自鸣得意的，正好是受人讥笑奚落的短处，而且往往把应该引为奇耻大辱的事，大吹大擂。——克雷洛夫

没有智慧的蛮力是没有什么价值的。　　——克雷洛夫

每一代人都以为自己比上一代人更聪明，也比下一代人更睿智。　　——乔治·奥威尔

什么也比不上在心目中有一个敌人更能使一个人明智。

——哈利法克斯

要做出明智的判断，我们必须知道不明智的人是怎么看的。
——艾略特

我们有望得到的唯一的智慧，是谦卑的智慧：虚怀若谷。
——艾略特

严重的危机能产生伟大的人物和英雄的业绩。　　——肯尼迪

智慧的纪念碑比权力的纪念碑存在得更长久。　　——培根

智慧、勤劳和天才，高于显贵和富有。　　——贝多芬

别把你的智谋用来对付小孩子。　　——斯威夫特

明智人士的标志是能用理智控制自己的感情。　　——曼内斯

腐化时期的人较富于机智，也喜欢造谣中伤。　　——尼采

当智慧骄傲到不肯哭泣，庄严到不肯欢笑，自满到不肯看人的时候，就不成为智慧了。
——纪伯伦

没有人给我们智慧，我们必须自己找到它，这要经历一次茫茫荒野上的艰辛跋涉——没有人能代替我们，也没有人能使我们免除这种跋涉。因为我们的智慧是一种我们最终赖以观察世界的观点。　　——马塞尔·普鲁斯特

铁不用就会生锈，水不流就会发臭，人的智慧不用就会枯萎。
——达·芬奇

智慧是经验之女。
——达·芬奇

绝望是愚人的结论。
——迪斯雷利

谨慎和自制是智慧的源泉。
——罗·彭斯

人类的智慧就是快乐的源泉。
——薄伽丘

每个人都有错，但只有愚者才会执迷不悟。　　——西塞罗

智慧，不是死的默念，而是生的沉思。　　——斯宾诺莎

智慧的可靠标志就是能够在平凡中发现奇迹。　　——爱默生

智慧的艺术就是懂得该宽容什么的艺术。　　——威廉·詹姆斯

高超的智慧兼普通的勇气，比出众的勇气兼普通的智慧有更大的作用。　　——克劳塞维茨

不要同愚人去商量，他只知道根据他自己的好恶来发表意见。
——乔叟

愚人缄口，是为上策，知其奥妙者，绝非愚蠢。　　——萨迪

聪明人变成了痴愚，就是一条最容易上钩的游鱼，因为他凭恃才高学广，看不见自己的狂妄。
——莎士比亚

愚人的蠢事算不得稀奇，聪明人的蠢事才叫人笑痛肚皮，因为他用全部的本领证明了自己的愚笨。　　——莎士比亚

与其做愚蠢的聪明人，不如做聪明的愚人。　——莎士比亚

越是愚笨的人越相信自己能骗过聪明人。　　——沃夫拿格

聪明人推出新思想，愚昧人将它广为传播。　　——海涅

在自以为圣明的人身边紧挨着的就是蠢人。　——弗赖朗克

愚者之所以成为愚者，在于固守己见而兴奋莫名。——蒙田

蠢人总是提出千百年前的聪明人已经回答了的问题。——歌德

时钟可以计量蠢人的时间，却不可以计量智者的时间。
　　　　　　　　——布莱克

知与行

知如灯塔明方向，行似舟楫渡江海。知而不行是为空谈，行而不知终是徒劳。真知必践于行，实行方验真知。知行合一，乃成万事。

想，都是问题；做，才是答案。　　　——《人民日报》

合抱之木，生于毫末；九层之台，起于垒土；千里之行，始于足下。　　　　——老子

始吾于人也，听其言而信其行。今吾于人也，听其言而观其行。　　　　——孔子

知之为知之，不知为不知，是知也。　　　——孔子

路不行不到，事不为不成。

人不劝不善，钟不打不鸣。
　　　　　——《增广贤文》

吾生也有涯，而知也无涯。
　　　　　　　——庄子

临渊羡鱼，不如退而结网。
　　　　　　　——班固

动必量力，举必量技。
　　　　　　　——管仲

不积跬步，无以至千里；不积小流，无以成江海。　——荀子

知者行之始，行者知之成。

圣学只一个功夫，知行不可分作两事。　　　——王阳明

知之真切笃实处即是行，行之明觉精察处即是知。——王阳明

大厦之成，非一木之材也；大海之阔，非一流之归也。

——冯梦龙

行是知之始，知是行之成。

——陶行知

思想与行为结合而产生的知识是真知识。　　——陶行知

滴自己的汗，吃自己的饭，自己的事情自己干；靠人靠天靠祖上，不算是好汉！——陶行知

榜上无名，脚下有路。

——《四字经》

人生处万类，知识最为贤。

——韩愈

知识是引导人生到光明与真实境界的灯烛。　　——李大钊

任何一种容器都装得满，唯有知识的容器大无边。——徐特立

有丰富的生活知识和广博的书本知识，才能左右逢源。

——张闻天

单是说不行，要紧的是做。

——鲁迅

有真切的见解，才有精明的行为。　　　　　——鲁迅

"一劳永逸"的话，有是有的，而"一劳永逸"的事却极少。

——鲁迅

各种知识像一张网似的，网孔与网孔之间互相关联。越向知识的领域走近一步，就越体会到各部门知识之间的血缘。——秦牧

一个人的价值不在于他现在的水平有多高，而在于他是否能在生活中不停顿地前进。

——靳凡

任何新的知识，取得的途径只有一条，那便是学，向具有这门知识的人学，向记有这门知识的书本学。　　——吴晗

知识和能力是一点一点积累起来的，要注意有扎实的基础，要注意复习和巩固，不能急于求成。

——谷超豪

获取知识，就是认识客观世界，不仅是个手段，也是个目的，因为这不是件个人的事，而是为社会、为后代积累共同的财富。

——费孝通

路是脚踏出来的，历史是人写出来的。人的每一步行动都在书写自己的历史。——吉鸿昌

知识了解了一切，同时就已创造了一切。　　——朱光潜

理想必须要人们去实现它，这不但需要决心和勇敢，而且需

要知识。　　　　——吴玉章

知识不建,则生命有窒死之虞,因而必蹈虚而飘荡。知识不广则无博厚之根基,构造之间架,因而亦不能支撑其高远。

——牟宗三

这个世界上最远的距离不是从马里亚纳海沟到珠穆朗玛峰,这个世界上最远的距离是"知道和做到"。　　——罗翔

知识有如人体血液一样宝贵。人缺少了血液,身体就要衰弱;人缺少了知识,头脑就要枯竭。　　　　——高士其

晚起步不如早起步,晚行动不如早行动。踟蹰不如当机立断,唉声叹气不如奋发图强。

——张抗抗

知识就是力量。　　——培根

知识并非只是工具。——尼采

求知若饥,虚心若愚。

——乔布斯

知识的宇宙,是无边无际的。

——拜伦

没有行动的言词是理想主义的刺客。　　　　——胡佛

你应该小心一切假知识,它比无知更危险。　——萧伯纳

知识是珍贵宝石的结晶,文化是宝石放出的光泽。——泰戈尔

与其咒骂黑暗,不如燃起一支明烛。

——安娜·路易斯·斯特朗

无论做什么事情,只要肯努力奋斗,是没有不成功的。

——牛顿

知识有一种怪癖:那些真正渴求它的人总能得到它。

——理查德·杰弗里德

假如一个人尽想着"我办不到",那他果然就会办不到。

——车尔尼雪夫斯基

一切都靠一张嘴来做而丝毫不实干的人,是虚伪和假仁假义的。　　　——德谟克利特

要有明确的目标,不达目的不止的坚决精神,无坚不摧、攻无不克的性格。　——列宁

知道自己学识渊博的人会努力求其学问的清晰明白,而想在大众面前表现自己很博学的人则会将学问弄得晦涩难懂。——尼采

提高理解能力有两种效果:首先,我们可以增加自己的知识;其次,我们可以向别人灌输这些知识。　——约翰·洛克

我们绝大多数的知识不是来自我们观点相同的人,而是来自我们观点不同的人。——科尔顿

虽有卓绝之才能,而无一心

不乱之勤勉，百折不挠之精神者，不能立身也。 ——亚历山大

求知是人的自然感情。任何人，如果他的头脑没有堕落的话，都会竭尽所能地获取知识。
——塞缪尔·约翰逊

对知识的渴求是人类的自然意向，任何头脑健全的人都会为获取知识而不惜一切。
——塞缪尔·约翰逊

思而后行，以免做出蠢事。因为草率的动作和言语，均是卑劣的特征。 ——毕达哥拉斯

只有在知道自己懂得甚少的时候，才说得上有了深知。疑惑随着知识而增长。 ——歌德

光有知识是不够的，还应当运用；光有愿望是不够的，还应当行动。 ——歌德

知识越深化，我们就越是临近那不可知的事物。 ——歌德

行动是通往知识的唯一道路。
——萧伯纳

有知识而无实践只是半个艺术家。 ——托·富勒

不要等待运气降临，应该去努力掌握知识。 ——弗兰明

知识的积累是一步一步的，而不是一跳一跳的。 ——麦考莱

事实上，没有什么东西是前人从未说过的。 ——泰伦提乌斯

每个人都知道，把语言化为行动，比把行动化为语言困难得多。
——高尔基

没有任何力量比知识更强大，用知识武装起来的人是不可战胜的。 ——高尔基

生活，就是求知。——高尔基

没有不可认识的东西，我们只能说还有尚未被认识的东西。
——高尔基

知识是唯一的善，无知是唯一的恶。知识是精神的粮食。
——苏格拉底

知识，只有当它靠积极的思维得来，而不是凭记忆得来的时候，才是真正的知识。
——列夫·托尔斯泰

知识本身就是财富。——萨迪

有了知识不运用，如同一个农人耕而不播种。 ——萨迪

知识是人生旅途中的资粮。
——雨果

知识就是我们借以飞上天堂的羽翼。 ——莎士比亚

行动往往胜于雄辩。
——莎士比亚

无知识的热心，犹如在黑暗中远征。 ——牛顿

世界之大，而能获得最公平

分配的是常识。　　——笛卡尔

知识一经获得，便给自己的周围投射上微弱的光亮。

——萧伯纳

知识是产生对人类自由的热爱和原则的唯一源泉。

——丹·韦伯斯特

人的知识就是力量，青年应当是知识上很有力量的人。

——克鲁普斯卡娅

在知识的山峰上登得越高，眼前展现的景色就越壮阔。

——拉季谢夫

人类的知识不过是贮藏世代相传的智慧和经验的金字塔。

——佚名

知识与能力必须结合，理论的认识与实践的艺术必须结合。

——裴斯泰洛夫

对一件东西的爱好是由知识产生的，知识越准确，爱好也就越强烈。　　——达·芬奇

如果你们掌握了知识，那就要让别人利用你们的知识去点燃他们自己的灯盏。——托·富勒

除了知识和学问之外，世上没有其他力量能在人的精神和心灵中，在人的思想、想象、见解和信仰中建立起统治和权威。

——培根

知识是一切能力中最强的力量。　　——柏拉图

知识得以传播才会千古永存。

——詹·麦金托什

有学问的人本身就永远蕴藏着财富。　　——菲德鲁斯

知识投资收益最大。

——富兰克林

不学无术的人的想象力不过只有翅膀没有脚。——富兰克林

在信息经济社会里，价值的增长不是通过劳动，而是通过知识实现的。　　——奈斯比特

建设一个美好的世界需要的是知识、善良、勇气，而不是对以往嗟悔不已，也不是用许久以前无知的人用过的话语来禁锢我们自由的思想。　　——罗素

知识是自然势力和破坏性激情的王国的解放者，没有知识，我们希望的世界不能建立起来。

——罗素

知识是一种快乐，而好奇则是知识的萌芽。　　——培根

人的威严蕴藏在知识之中，因此，人有许多君主的金银无法买到、君主的武力不可征服的内在东西。　　——培根

对知识的渴求是人类的自然意向，任何头脑健全的人都会为

获取知识而不惜一切。

——塞缪尔·约翰逊

知识可以产生力量，但成就能放出光彩；有人去体会知识的力量，但更多的人只去观赏成就的光彩。　　——切斯特菲尔德

知识是青年人最佳的荣誉，老年人最大的慰藉，穷人最宝贵的财产，富人最珍贵的装饰品。

——第欧根尼

对待知识就像对待粮食一样，我们活着不是为了知道，正如活着不是为了吃饭一样。

——约翰·罗斯金

世上只有一样东西是珍宝，那就是知识；世上只有一样东西最罪恶，那就是无知。

——苏格拉底

行动是知识最适切的果实。

——傅勒

最可怕的莫过于无知而行动。

——歌德

一个人的知识越多，就越有价值。　　　　——罗伯特

使生活变成幻想，再把幻想化为现实。　　——居里夫人

知识是珍宝，而实践才是获取它的钥匙。　　——托·富勒

什么是知识？不是别的，是记录下来的经验。——卡莱尔

大自然赐给我们的是知识的种子，而不是现成的知识。

——塞内加

谁知道如何学习，谁就有丰富的知识。　——亨利·亚当斯

知识比任何东西更能给人自由。　　　——屠格涅夫

由于努力得来的知识，便成了我们的产业。——卡莱尔

无知者是不自由的，因为和他对立的是一个陌生的世界。

——黑格尔

对知识的渴望如同对财富的追求，越追求，欲望就越强烈。

——斯特恩

真正有知识的人谦虚、谨慎，只有无知的人才冒昧、武断。

——格兰维尔

人生来是为行动的，就像火光总向上腾，石头总往下落。对人来说，一无行动，也就等于他并不存在。　　——伏尔泰

不是享乐，也不是受苦，而是行动。在每个明天，我们命定的目标和道路，都要比今天前进一步。　　　——朗费罗

人生的终点并不是抽象的知识，而是具体的行动。

——赫胥黎

任何强制或诱使都是行为的

外在动力。尽管如此,但它们仍有区别。强制导致勉为其难的行为,诱使导致甘心情愿的行为。
——拉布吕耶尔

行动是必需品,思辨是奢侈品。　　　——柏格森

人用行动比用语言文字更能表现自己。　　　——纪德

没有行动,思想永远不能成熟并化为真理。　——爱默生

我们的行动是唯一能够反映出我们精神面貌的镜子。
——托·卡莱尔

一切伟大的行动和一切伟大的思想都拥有一个微不足道的开始。　　　　　——加缪

行动不一定每次都带来幸运,但坐而不行,一定是无任何幸运可言的。　——迪斯雷利

尽管干与不干都是人生的自由,但其中仍有区别,干总比不干强。　　　——《薄伽梵歌》

一个人不断重复自己的行动,他就会变得越来越固执、越来越墨守成规。　——弗洛姆

我们的行为就像某些押韵诗词,每个人都能把它放进他喜悦的形式里。　——拉罗什富科

在生活中,真正的问题不在于我们得到什么,而在于我们做什么。　　　——托·卡莱尔

人只有在他立足的地方,在他应该有所作为的地方,才能有所作为。　　　——赫尔达

人的行为是受知识指导的,不是受激情指导的。　——卢梭

有什么样的行为就有什么样的名声。　　——亚里士多德

完美的行为产生于完全的无功利之心。　　——帕韦泽

一个人的行为依赖于他的观念和理想。　　　——莫里斯

难与易

难似攀山步履沉,易如顺水舟行轻。难中藏机,易里伏危。天下事,为之则难者亦易,不为则易者亦难。工作生活上化难为易,在易时不忘难。

希望大家不要被大风吹倒。这里的大风当然是象征意义的，本意是希望大家鼓起勇气，敢于面对困难，挑战困难，最终战胜困难。　　　　——莫言

临事有三难。能见，一也；见而能行，二也；当行必果决，三也。　　　　　　——张咏

岁不寒，无以知松柏；事不难，无以知君子。　　——荀子

世上无难事，只怕有心人。
　　　　　　　　——李光庭

困难乃见才，不止将有得。
　　　　　　　　——欧阳修

无口过易，无身过难；无身过易，无心过难。既无心过，何难之有？吁！安得无心过之人，与之语心哉！——《渔樵问对》

困难只能吓倒懦夫懒汉，胜利永远属于敢于攀登科学高峰的人。　　　　——茅以升

人虽无艰难之时，却不可忘艰难之境；世虽有侥幸之事，断不可存侥幸之心。——王永彬

面对看似复杂没有头绪的问题时，不墨守成规，直奔目标，也许问题就能迎刃而解。——冯仑

大凡世上，做愚人易，做聪明人难，做小聪明易，做聪明到愚人更难。鸿雁在天上飞，麻雀也在天上飞，同样是飞，这高度是不能相比的。雨点从云中落下，冰雹也从云中落下，同样是落，这重量是不能相比的。昙花开放，月季花也开放，同是开放，这时间的长短是不能相比的。我能知道我生前是何物所托吗？我能知道我死后会变为何物吗？对着初生婴儿，你能说他将来要做伟人还是贼人吗？大河岸上，白鹭飞起，你能预料它去浪中击水呢，还是去岩头伫立？你更可以说浪中击水的才是白鹭，而伫立于岩头的不是白鹭吗？
　　　　　　　　——贾平凹

困难是严正的老师。——伯克

克服了的困难是胜利的机会。
　　　　　　　　——丘吉尔

任何困难都会向进取者低头。
　　　　　　　　——霍尔曼

困难会使伟人精神振奋。
　　　　　　——哈利法克斯

勇士是在充满荆棘的道路上前行的。　　　　——奥维德

遇到的困难越多，得到的荣誉也越大。　　　——西塞罗

困难在很大程度上是懒惰造成的。　　——塞缪尔·约翰逊

许多事情想起来困难，做起来容易。　　——塞缪尔·约翰逊

只有困难才能使人显出自己的本色。　　——爱比克泰德

对着困难摇头,就无权在胜利面前点头微笑。　　——伏尔泰

宿命论是那些缺乏意志力的弱者的借口。　　——罗曼·罗兰

一切事情都必然先经历过困难之后才会显得得心应手。
　　　　　　　　——托·富勒

不要回避苦恼和困难,挺起身来向它挑战,进而克服它。
　　　　　　　　——池田大作

一切事的开头总是困难的。这句话,在任何一种科学上都是适用的。　　——马克思

当我们遭遇到困难而心灰意冷的时候,无论如何要保持冷静奋斗的心情。　——松下幸之助

在极度悲痛中丧失理智是危险的:它使人失去勇气,甚至失去重新振作的希冀。——阿米尔

在一切有困难的交涉中,不可希冀一边下种一边收割,而应当对你所做之事妥为准备,好让它渐渐成熟。　　——培根

不是胜利便是苦难,如果是苦难,那么这苦难也是胜利,不过我没有什么特别的才能,不过喜欢寻根刨底地追究问题罢了。
　　　　　　　　——爱因斯坦

请记住,环境越艰难困苦,就越需要坚定的毅力和信心,而且,懈怠的害处也就越大。
　　　　　——列夫·托尔斯泰

困难和折磨对于人来说,是一把打向坯料的锤,打掉的应是脆弱的铁屑,锻成的将是锋利的钢刀。　　——契诃夫

急躁是愚者的弱点。
　　　　　　　　——格拉西安

最利的锋刃是在最钝的石头上磨出来的。　　——黎里

除了通过黑夜的道路,人们不能到达黎明。　　——纪伯伦

采珠人如果被鳄鱼吓住,怎能得名贵的珍珠?——萨迪

假使精神不跟着肉体堕落,那么他可以战胜一切艰难。
　　　　　　　　——但丁

一个人必须经过一番刻苦奋斗,才会有些成绩。——安徒生

一切事情都必须先经历过困难之后才会显得得心应手。
　　　　　　　　——托·富勒

坚强的意志只有在同困难作斗争的过程中才能锻炼出来。
　　　　　　　　——格鲁季宁

在困厄颠沛的时候能坚定不移,这就是一个真正令人钦佩的不凡之处。　　——贝多芬

不要停顿,因为别人会超过你;不要反顾,以免摔倒。

——阿·雷哈尼

一桩事业的完成需要的时间越长,就越有理由立刻动手去做。

——伏尼契

愚人常因把困难看得太容易而失败,智者常因把容易看得太困难而一事无成。　　——柯林斯

我现在所需要的道路,是的,道路,冒着雨,踩着泥泞,穿过草原,去往天涯海角。

——果戈理

强者不畏战争,不畏风暴,不畏困苦,他们希望"用铁一般坚硬的步伐去踏遍地狱"。

——爱迪生

对于一个努力奋斗的人来说,困难就在于既认可同时代长者的优点,而又不让他们的缺点妨碍自己。　　——歌德

我始终相信,如果我们能解决再生能源的问题,并一步步把人类打造成跨星球的物种,在另一个星球上建立能够自给自足的文明,防止可能发生的人类灭绝的危险,人类就会有一个光明的未来。

——马斯克

勤与惰

勤如春苗日渐长,惰似腐木渐凋零。勤者荒年有余粮,惰者丰岁亦挨饿。天道酬勤终不负,光阴弃惰最无情。一勤天下无难事,百惰人生尽蹉跎。

商贾之家,勤俭者能延三四代;耕读之家,谨朴者能延五六代;孝友之家,则可以绵延十代八代。　　　　　　——曾国藩

家勤则兴,人勤则健,能勤能俭,永不贫贱。　——曾国藩

勤则家起,懒则家倾。

——宋若莘

官怠于有成,病加于小愈,祸生于懈惰。　　——韩婴

勤奋就是成功之母。

——茅以升

天下事，以难而废者十之一，以惰而废者十之九。

——颜之推

躁则妄，惰则废。既妄且废，则天下之所以不治者，常出于此。 ——苏东坡

一年之计在于春，一日之计在于寅。一家之计在于和，一生之计在于勤。 ——《增广贤文》

骐骥一跃，不能十步；驽马十驾，功在不舍；锲而舍之，朽木不折；锲而不舍，金石可镂。

——荀子

有志者，事竟成，破釜沉舟，百二秦关终属楚；苦心人，天不负，卧薪尝胆，三千越甲可吞吴。 ——蒲松龄

当一个人用工作去迎接光明，光明很快就会来照耀他。

——冯学峰

懒惰是索价极高的奢侈品，一旦到期清付，必定偿还不起。

——廖静文

兴盛之象，无非由勤劳而来；衰败之家，莫不因懒惰所致。

——冯玉祥

如果要替成功的人找出一个最起码的秘诀，大概你会发现，他们只是克服了自己的懒惰。

——罗兰

耽于懒惰逸乐的人，会跟着产生一连串恶念与恶行：贪婪、自私、嫉妒、凶残、卑鄙，且益背离真理，等等。 ——秦牧

面对悬崖峭壁，一百年也看不出一条缝来，但有斧凿，得进一寸进一寸，得进一尺进一尺，不断积累，飞跃必来，突破随之。

——华罗庚

创基立业，一半靠运气，一半靠自己努力。勤俭奋发是华人的美德；方向、意志和策略是第一要素；不怕失败，奋斗不懈，运筹帷幄，出奇制胜和深思熟虑是成功的必备条件。 ——林绍良

有些人天资颇高而成就平凡，他们好比有大本钱而没有做大生意；也有一些人天资并不特异而成就则斐然可观，他们好比拿小本钱做大生意。这中间的差别就在于努力与不努力。

——朱光潜

忙碌的人没有掉眼泪的时间。

——拜伦

差劲的工人老跟他的工具闹别扭。 ——约翰·雷

不息地劳作是人生全部意义之所在。 ——塞涅卡

懒惰没有牙齿，但可以吞噬人的智慧。 ——谚语

要工作，要勤劳。劳作是最可靠的财富。 ——拉·封丹

魔鬼诱惑所有的人，而那懒汉却引诱魔鬼。 ——科尔顿

我的成功在于我的勤勉，我一生绝不坐食一片面包。
——韦伯斯特

无所事事的人是懒惰的，没有把事情做得更好的人也是懒惰的。 ——苏格拉底

应该懂得这样一个道理：要努力，努力，再努力；如果开始不成功，还要努力，努力，再努力。
——威·希克森

勤劳工作、诚恳待人是迈向成功的唯一途径。这与没有尝过辛苦，而获得成功的滋味迥然不同。不下功夫却能成功，根本是不可能的事情。 ——松下幸之助

坚硬优质的钢条，是经过千锤百炼而成的；瑰丽美观的贝壳，是经过水冲日曝而得的。我们的意志和毅力也必须在火热的斗争中接受严峻的考验，去接受长期的锻炼。只有这样才能使自己在困难面前，永远热情奋发、斗志昂扬。 ——加里宁

生活中最明智的是专心一意，最愚蠢的是半途而废。人贵在有志，而不在于志大志小。凡

是能消除我们一份稚气，使我们定下心来做一份诚实的工作的事情，都是有意义的。 ——爱默生

人生是短促的，这句话应该促醒每一个人去进行一切他所想做的事。虽然勤勉不能保证一定成功，死亡可能摧折欣欣向荣的事业，但那些功业未遂的人，至少已有参加行伍的光荣，即使他未获胜，却也算战斗过。
——约翰逊

良机对于懒惰没有用，但勤劳可以使最平常的机遇变成良机。
——马丁·路德

勤奋劳动的人无须失望，因为一切都可以靠勤奋和劳动实现。
——米南德

勤奋是幸运之母，懒惰则不会使任何美好的愿望实现。
——塞万提斯

世界上的事没有绝对成功，只有不断进取。 ——巴尔扎克

勤劳是快乐之父。——伏尔泰

怠惰等于将一个人活埋。
——泰罗

懒人总希望有所作为。
——沃维纳格

懒驴子是打死也走不快的。
——莎士比亚

只有在懒惰中才有永远的

绝望。　　　　　——卡莱尔

"将来"属于那些工作勤勉的人。　　　　——孟德斯鸠

长期地无所事事最能使人衰竭和毁灭。　——亚里士多德

懒惰的果报是，自己得不到成功，却眼见着别人成功。

——列那尔

因循惰懒就是死亡，忙碌就是愉快、高兴，没事做就是颓丧、失神。　　　　——笛福

要意志坚强，要勤奋，要探索，要发现，并且永不屈服，珍惜我们前进道路上降临的善，忍受我们周围的恶，并下决心消除它。

——赫胥黎

凡事勤则易，凡事惰则难。

——富兰克林

怠惰，一切都难办；勤奋，凡事皆顺利。　——富兰克林

懒惰如同生锈，比劳动更能加快消耗。另一方面，使用中的锁，经常是光亮如新的。

——富兰克林

一个懒惰心理的危险，比懒惰的手足，不知道要超过多少倍。而且医治懒惰的心理，比医治懒惰的手足还要难。因为我们做一件不愿意、不高兴的工作，身体的各部分，都感到不安和无聊。反过来说，如果对于这种工作有兴趣、愉快，工作效率不但高，身心也感觉到十分舒适。因不适宜的劳动，使身心忧郁而患上的病症，医生称为懒惰病。

——卡耐基

顺与逆

顺境易生怠惰心，逆境常磨坚韧志。顺时蓄力，逆处修身。顺不足喜，逆不足忧，心若从容，皆是修行。

"烧不死的鸟就是凤凰"，有些火烧得短一些，有些火要烧得长一些；有些是"文火"，有些是"旺火"。　　——任正非

视己勿重者重，视人为轻者轻。患以心生，以塞为乐，塞不为塞矣。穷不言富，贱不趋贵。忍辱为大，不怒为尊。塞非敌

也，敌乃乱焉。　　——《止学》

盖文王拘而演《周易》；仲尼厄而作《春秋》；屈原放逐，乃赋《离骚》；左丘失明，厥有《国语》；孙子膑脚，《兵法》修列；不韦迁蜀，世传《吕览》；韩非囚秦，《说难》《孤愤》；《诗》三百篇，大抵圣贤发愤之所为作也。
——司马迁

故天将降大任于斯人也，必先苦其心志，劳其筋骨，饿其体肤，空乏其身，行拂乱其所为，所以动心忍性，曾益其所不能。
——孟子

逆境总是有的，人生就是进击。　　——冯定

神龙失势，与蚯蚓同。
——《后汉书》

在人矮檐下，怎敢不低头？
——施耐庵

蛟龙离水，匹夫可制。
——冯梦龙

逆境令人奋斗。——陶行知

任何事业的成功史中必有一段伤心史。　　——邹韬奋

伟大的心胸，应该表现出这样的气概——用笑脸来迎接悲惨的厄运，用百倍的勇气来应付一切的不幸。　　——鲁迅

挫折可以磨炼一个人的心智，也可以打击一个人的斗志，是从挫折中站起，还是在挫折中倒下，就要看个人的悟性了。
——曹德旺

境遇就像不断聚散的云彩，当我们开怀大笑时，祸种已经播进了滋生各种事件的广袤耕地；当我们开怀大笑时，它萌芽、生长，突然结出了我们必须采摘的恶果。　　——济慈

痛苦与伤心，其实也是与生俱来的东西。人活着，肯定会经历苦难。　　——《人间值得》

没有经历逆境的人不知道自己的力量。　　——琼森

犹如黑夜之于星星，逆境会给人带来荣光。——爱·扬格

人在身处逆境时，适应环境的能力实在惊人。——卡耐基

不能像在逆境中那样在顺境中持重，是一个人脆弱的表现。
——西塞罗

逆境要么使人变得更加伟大，要么使人变得非常渺小。困难从来不会让人保持原样的。
——皮尔

只有把抱怨环境的心情化为上进的力量，才是成功的保证。
——罗曼·罗兰

我这一生中，这些直觉一直

在教导我一个道理——只有依靠自己,胜算才更大。

——《你当像鸟飞往你的山》

患难可以检验一个人的品格;非常的境遇方才可以显出非常的气节;风平浪静的海面,所有船只都可以并驱竞胜;命运的铁拳击中要害的时候,只有大勇大智的人才能够处之泰然。

——莎士比亚

逆境也有它的好处,就像丑陋而有毒的蟾蜍,它的头上却顶着一颗珍贵的宝石。

——莎士比亚

困苦永远是坚强之母。

——莎士比亚

智谋出于急难,巧计出于临危。——莎士比亚

经过磨难的好事,会显得分外甘甜。 ——莎士比亚

在某一段时间里,我们的逆遇也可能成为我们的特色之一。

——弥尔顿

一个人要先经过困难,然后踏进顺境,才觉得受用、舒服。

——爱迪生

走红运比遭厄运更需要伟大的品质。 ——拉罗什富科

逆境是通往真理的第一条道路。 ——拜伦

勇气是身处逆境的光明。

——沃韦纳戈

在高压下,在逆境中,最好的办法是不要闲着,要把你的愤怒和精力倾注到积极的工作中去。

——艾柯卡

我有敢于入世的胆量,下界的苦味,我要一概承担。我要跟暴风雨奋斗,即使在破船中,也不张皇。 ——歌德

有时一个人受到厄运的可怕打击,不管这厄运是来自公众或者个人,都可能是件好事。

——歌德

人们不存侥幸之心,方可为幸运的主宰。而幸运除了懦夫之外,都是不敢欺凌的。——乔叟

平静的湖面练不出精干的水手;安逸的环境显不出时代的伟人。 ——列别捷夫

不幸可以提供意想不到的可能,使人认识生活。

——亨利希·曼

切莫垂头丧气,即使失去了一切,你还握有未来。

——王尔德

在逆境中希望顺利,在顺境中担心厄逆。 ——奥古斯丁

泰然自若是应付逆境的最好办法。 ——普劳图斯

天才就是无止境刻苦勤奋的能力。
——卡莱尔

不幸是一所最好的大学。
——别林斯基

人生的道路上常常有这样的情况：逆境使人有所建树。
——艾柯卡

人们最出色的工作往往是处于逆境的情况下做出的。
——贝弗里奇

一切真正美好的东西都是从斗争和牺牲中获得的，而美好的将来也要以同样的方法来获取。
——车尔尼雪夫斯基

境遇是如同宿命的东西，人的一生结局，就在这框子里营运，要摧毁它是相当困难的。
——坪田让治

在逆境中，好人自会会表现出闪光的品质；而在顺境中，他的夺目光彩就会被隐没。
——爱·扬格

即使在人群中找出一百个能忍受逆境的人，也未必找得到一个能正确对待顺境的人。
——卡莱尔

烈火试真金，逆境试强者。
——塞涅卡

好的运气令人羡慕，而战胜厄运则更令人惊叹。——塞涅卡

逆境使我们变得更加聪明，顺境使是非变得含混不清。
——塞涅卡

要使整个人生都过得舒适、愉快，这是不可能的，因此人类必须具备一种能应付逆境的态度。
——罗素

人在逆境里比在顺境里更能坚持不屈。——雨果

气度狭小就被逆境驯服，宽宏大量则足以把逆境克服。
——雨果

顺境的美德是节制，逆境的美德是坚韧，这后一种是较为伟大的德行。 ——培根

在不幸之后，后悔是无用的。
——伊索

逆境是磨炼人的最高学府。
——苏格拉底

顺境造就幸运儿，而逆境造就伟人。 ——小普林尼

每一个创伤都标志着向前进了一步。 ——罗曼·罗兰

让我不要祈求免遭危难，只让我能大胆地面对它们。
——泰戈尔

逆境可以使人变得聪明，尽管不能使人变得富有。
——托·富勒

思想懦弱的人，常被灾难屈

服；思想伟大者，相反往往乘机兴起。　　　——华盛顿

我始终不愿抛弃我的斗争的生活，我极端重视由斗争得来的经验，尤其是战胜困难后所得的愉快。　　　　——爱迪生

一个人要是跌进水里，他游泳游得好不好是无关紧要的，反正他要挣扎出去，不然就得淹死。
　　　　　　　　——毛姆

不幸，是天才的进身之阶，信徒的洗礼之水，能人的无价之宝，弱者的无底之渊。
　　　　　　　——巴尔扎克

通向人类真正的伟大境界的道路只有一条——苦难的道路。
　　　　　　　——爱因斯坦

没有战胜过困难、没有负过重负的人，不能成为真正的人。
　　　　　——苏霍姆林斯基

伟大的人遇到了大灾大难，总可以在哲学里找到许多惊人的解脱。　　　——大仲马

痛苦留给的一切，请细加回味！苦难一经过去，苦难就变为甘美。　　　　——歌德

天空虽有乌云，但乌云的上面，永远会有太阳在照耀。
　　　　　　　——三浦绫子

卓越的人一大优点是，在不利与艰难的遭遇里百折不挠。
　　　　　　　——贝多芬

不必害怕海浪，但要注意自己航船上的漏洞。——泰戈尔

苦难是人生的老师。
　　　　　　　——巴尔扎克

逆境不就是性格的试金石吗？
　　　　　　　——巴尔扎克

不接受生命的境遇的人是在出卖自己的灵魂。——波德莱尔

我们认为别人的环境好，其实也正有人羡慕我们的处境呢！
　　　　　　　——西鲁斯

顺境中的好运，为人们所希冀；逆境中的好运，则为人所惊奇。　　　　——培根

杰出的人处境总比别人更糟，因为人们既然无法跟他们相比，就总是把眼睛盯住他们不放。
　　　　　　　——歌德

逆境固然很宝贵，顺境同样也很难得。不论是哪一种境遇，最重要的是，不忘谦虚、坦然的处事态度。——松下幸之助

以勇敢的胸膛面对逆境。
　　　　　　　——贺拉斯

身处逆境，希望就是大救星。
　　　　　　　——米南德

逆境是通往真理的第一条通路。　　　　——拜伦

没有哪种教育能及得上逆境。

——本·迪斯累里

每一种挫折或不利的突变，都带着同样或较大的有利的种子。

——爱默生

逆境是对人们原则的考验，若无此考验，人们很难判断自己是否诚实。 ——菲尔丁

逆境要么使人变得更加伟大，要么使人变得非常渺小。困难从来不会让人保持原样的。

——诺曼·文森特·皮尔

不是境况造就人，而是人造成境况。奴隶可能是自由的人，而国王反而是奴隶。境况的高贵与否，全由我们所造成。

——罗伯逊

信与疑

信如春水润物无声，疑似寒霜凝滞生机。信则聚力，疑则散心。智者信而不盲从，疑而不寡断。过信近愚，多疑近忮，分寸之间见智慧。

世间最骇世震俗之事莫过于"说老实话"，最滑稽可笑者亦莫过于"说老实话"。 ——梁实秋

莫信直中直，须防仁不仁。山中有直树，世上无直人。

——《增广贤文》

信言不美，美言不信。

——老子

多语者寡信，自奉者少恩。

——诸葛亮

天下唯不明白人多疑人，明白人不疑人也。 ——蔡锷

君子之言，信而有征，故怨远于其身；小人之言，信而无征，故怨咎及之。 ——左丘明

事物的复杂性在于在一定条件下它的优点偏偏是它的缺点，反之，在一定条件下它的缺点恰恰是它的优点。 ——王朝闻

和一个爱弄手段的人打交道，永远以自己的本来面目对付，他也不会用手段对付你，倒

反会看重你。————傅雷

"圆滑"是虚伪和怯懦的表现。我们不可能靠圆滑去获得朋友，更不可能靠圆滑去赢得成功。
————罗兰

自称盗贼的无须防，得其反倒是好人；自称正人君子的必须防，得其反则是盗贼。————鲁迅

在只能说谎与沉默两者间选择的时候，沉默也是好的。
————何其芳

对人以诚信，人不欺我；对事以诚信，事无不成。
————冯玉祥

人世间绝没有真恶的奸人而不为伪善的言论的。————郭沫若

不相信任何人和相信任何人，同样都是错误的。
————塞涅卡

人与人之间最高的信任，无过于言听计从的信任。————培根

一个人总要到了日暮途穷，方才知道人心是不可轻信的。
————莎士比亚

假如想让人们对你的支持维持得长久，处理问题就不能随心。
————昂苏尔·玛阿里

信用是难得而易失的。费十年工夫积累的信用，往往由于一时一事的言行而失掉。
————池田大作

没考验就先别信任，因为笑里藏刀的事是常有的。
————特烈维尔

誓言不一定尽如人意，但每个人都必须对誓言负责。
————埃斯库罗斯

老实人的憨相就是一张可靠的还账契约；所谓信用，就是如此。
————爱默生

只有信用才会比才智更加深交情。————拉罗什富科

在重大问题上，信任总是姗姗来迟。————奥维德

谁信任我们，谁就在给我们以教诲。————艾略特

言而信，信在言前。令而化，化在令外。————尼采

做一个有信义的人胜似做一个有名气的人。————罗斯福

第五辑　文化价值

要让世界发现你的价值，先为世界创造价值。

才与德

才似利刃可建功,德如良玉自生辉。才高无德终为祸,德厚才疏亦是空。古来成大事者,必以德驭才,方得久长。

我想人都是有长有短的,有人可能在某个方面有特殊的才华、才能,每个人都有别人不具备的一些优点。从这个意义上来讲,发挥自己的长项,创造能让长项得到最大限度表现的机会,是非常重要的。——莫言

责任越大,岗位越高,要求的德就越高,越要修身。我们都是凡人,但我们需要不断地努力,向上成长。——马云

一年之计,莫如树谷;十年之计,莫如树木;终身之计,莫如树人。——管仲

天行健,君子以自强不息;地势坤,君子以厚德载物。
——《周易》

致天下之治者在人才,成天下之才者在教化。——胡瑗

我劝天公重抖擞,不拘一格降人才。——龚自珍

江山代有才人出,各领风骚数百年。——赵翼

人才者,求之者越出,置之则越匮。——魏源

玩人丧德,玩物丧志。
——《尚书》

长才靡入用,大厦失巨楹。
——邵谒

服人者,德也。德之不修,其才必曲,其人非善矣。纳言无失,不辍亡废。小处容疵,大节堪毁。敬人敬心,德之厚也。诚非虚致,君子不行诡道。祸由己生,小人难于胜己。谤言无惧,强者不纵,堪验其德焉。不察其德,非识人也。识而勿用,非大德也。——《止学》

才者,德之资也;德者,才之帅也。——司马光

不患位之不尊,而患德之不崇;不耻禄之不伙,而耻智之不博。——张衡

人才那得如金铜,长在泥沙

不速朽。愿公爱士如爱尊，毋使埋渣嗟不偶。　　——袁枚

人的价值蕴藏在人的才能之中。事业上最重要的是有创造力的天才。　　——邹韬奋

道德是人们行为的规范和准则，是有客观是非、善恶标准的。它是不成文的法律，但又不同于法律。它主要靠教育，靠公共舆论，靠人们的自觉认识。
　　——茅以升

在商业道德这事情上，还是老传统好，有信用才成。
　　——包玉刚

小胜靠智，大胜靠德。做小事情靠技巧和心机手腕，做大事情靠眼光和人格魅力。——李金水

人需要不断提升自己的能力。人的财产、地位和荣誉都有可能消失，但是本事是属于自己的，一旦掌握了，别人就拿不走。
　　——吴军

要是一个家庭主妇，蒸出一碗米饭，也就值一元钱，这是最原始的价值；要是一个商人，做成粽子，能卖两三元钱；要是一个企业家，经过发酵，酿成一瓶酒，那就值一二十元钱。人生就像一碗米，每个人都有自己的价值所在，关键是如何去寻找、开发、提升和放大。　　——席慕蓉

美德是高尚的，但美德需要付出和给予。　　——乔安山

劣材不能制成美器。
　　——斯威夫特

人的价值蕴藏在人的才能之中。　　——马克思

一个人最大的痛苦莫过于知识很多而未能施展自己的才能。
　　——希罗多德

没有一个人会认为自己在一切方面都比不上别人——哪怕是他最钦佩的人。——拉罗什富科

才能就是相信自己，相信自己的力量。　　——高尔基

你要爱惜自己的才能！你的躯体对你来说，并不是重要的东西，而你的才能，却是献给人世间的礼物。　　——高尔基

可以轻松地完成别人认为困难的事情，这就是才能；能够去做有才能者认为办不到的事情，这就是天才。　　——埃米尔

所谓成功的才能无非就是做那些你能做好的事，并把你所做的一切事情尽量做得好一些，不要对声名过于患得患失。
　　——朗费罗

德可以分为两种：一种是智慧的德；另一种是行为的德。前

者是从学习中得来的，后者是从实践中得来的。——亚里士多德

才华智慧如不用于有益的地方，便和庸碌凡人毫无差别。
——莎士比亚

生命短促，只有美德能将它留传到辽远的后世。——莎士比亚

没有必要在每个人面前显露你的才能。　　——格拉西安

才能一旦让懒惰支配，它就一无可为。　　——克雷洛夫

领导能力和学识，两者彼此不可或缺。　　　——肯尼迪

无论是谁，具有一技之长总是值得高兴的。
——约翰·梅斯菲尔德

才能是长期努力所获得的报酬。　　　　——福楼拜

凡是有才能的人总会受到外在世界的压迫。　——歌德

才能不是天生的，可以任其自然的，而是要钻研艺术、请教良师，才会成才。——歌德

不管是什么样的人，命运之神都赋予了他一种他人所没有的优秀才能。　——铃木健二

精明的人是精细考虑他自己的人，智慧的人是精细考虑他人利益的人。　　——雪莱

没有加倍的勤奋，就既没有才能，也没有天才。——门捷列夫

一个人的才能无论大小，都可以发展和提高。　——舒曼

人人都有自己的才能。
——爱默生

我们最可靠的保护是自己的才能。　　——沃夫拿格

人不能像走兽那样活着，应该追求知识和美德。——但丁

才能就像肌肉一样，是通过锻炼成长起来的。——奥勃鲁切夫

一个人的美德不应由他特殊的行动来衡量，而应由他日常的品行来衡量。　——帕斯卡

每一个人对于在朋友身上所要求的美德及良好品格，都可开列出一张长长的清单，但很少有人将这些美德在自己身上培植。
——爱迪生

丧失了财富，可以说没丧失什么；丧失了健康，等于丧失了某种东西；但当丧失品德时，就一切都丧失了。　——约翰生

一切违反人性的不自然的美德，勉强的自我牺牲，大半只是一种空想，实际上是不可能的。
——赫尔岑

美德是意志的行动，是一种增加生活中质量的习惯。它能建立、加强和显示个性。——卡瑞尔

真理和美德是艺术的两个密友。你要当作家、当批评家吗？请做一个有德行的人。——狄德罗

不朽的名誉，只存在于美德之中。　　　　——彼特拉克

我们为子孙打算的时候，必须记住美德是不遗传的。——佩恩

自尊心是一种美德，是促使一个人不断向上发展的原动力。
　　　　　　　　——毛姆

幸福存在于美德之中，因为美德是这样一种心理状态，它倾向于使整个生活完全和睦。
　　　　　　　　——芝诺

德行是每一生物特殊可能性的展现，就人而言，是表现出最富有人性的状态。　——弗洛姆

对一个人的评价，不可视其财富出身，更不可视其学问的高下，而是要看他真实的品德。
　　　　　　　　——培根

没有伟大的品格，就没有伟大的人，甚至也没有伟大的艺术家、伟大的行动者。
　　　　　　——罗曼·罗兰

道德的基础，不是对个人幸福的追求，而是对整体的幸福，即对部落、民族、阶级、人类的幸福的追求。　——孟德斯鸠

道德的最大秘密就是爱，或者说，就是逾越我们自己的本性，而融入旁人的思想、行为或人格中存在的美。　——雪莱

人要学会忍耐，也要有一身正气，碰到公正有理之事时，要据理力争，以正压邪，而不能丧失一个人的人格。　——韦尔曼

只有担负起对社会的责任才能使一个企业卓尔不群。
　　　　　　——约翰·史密斯

美德和恶习都会通过接触传给他人。　　　　——伯克

崇高的美德不是等待获得自由，而是为自由而战斗。
　　　　　　——卡赞札基斯

美德可能会遇到攻击，但决不会受到伤害；非正义的力量能使它震动，但却无法使它屈服。
　　　　　　　　——弥尔顿

培养美德就意味着抛弃罪恶。
　　　　　　　　——塞涅卡

光凭美德就足以得到幸福。
　　　　　　　　——柏拉图

美德本身也需要限制。
　　　　　　——孟德斯鸠

德行是灵魂的力量。——卢梭

德行比人情世故更难获得。
　　　　　　　　——洛克

美德整个的或部分的是智慧。
　　　　　　　——苏格拉底

德行是由常做正当的事情学来的。——夸美纽斯

美德是世间最美好、最有价值的财产。——普卢塔克

避开恶行就是美德；最高的智慧就是摆脱愚蠢。——贺拉斯

德行是正常的意志力量，它有助于保护和发展人的精神生活。——包尔生

一种美德的幼芽、蓓蕾，这是最宝贵的美德，是一切道德之母，这就是谦逊。有了这种美德我们会其乐无穷。——加尔多斯

美德像是一块绝妙无比的宝石，最好不要用金子或其他装饰品去打扮它。——培根

仅有美德是不够的，因为美德犹如一门艺术，应当加以运用。——西塞罗

对孩子的责任感是一切美德的基础。——西塞罗

美德乃是一种和谐，正如健康、全善和神一样。——毕达哥拉斯

怀有道德心的人，自然有股洗涤人们心灵的力量。——武者小路实笃

谦卑、慷慨、贞洁、温顺、节制、友爱、勤奋，是与七种罪恶相对的七种美德。——麦卡弗里

忘我就是快乐。因而我要把别人眼睛所看见的光明当作我的太阳，别人耳朵所听见的音乐当作我的乐曲，别人嘴角的微笑当作我的快乐。——海伦·凯勒

事物有过度、不及和中间，美德的本性就是恰得中间。——亚里士多德

道德的根本，是自制心和克己心，使自身的本能服从全体。——费希特

装饰对于德行同样是格格不入的，因为等待是灵魂的力量。——卢梭

道德是永存的，而财富每天在更换主人。——普卢塔克

如果我早晚要死去，做点善事也是值得的。——斯蒂芬·霍金

一切道德品质中，善良的本性在世界上是最重要的。——罗素

没有公民道德，社会就会灭亡；没有个人道德，他们的生存也就失去价值。在此，对于一个美好的世界来说，公民道德和个人道德同样是必要的。——罗素

没有良好的教养，没有牢固的知识，没有丰富的智力素养和多方面的智力兴趣，要把一个人

提高到道德尊严感的高度是不可思议的。　　——苏霍姆林斯基

一个具有健康道德的人，无论年轻还是年老，无论他怎样名扬四海，他都不会骄傲。

——肖洛霍夫

认为价值观念和个人道德无足轻重，不仅限制了公民们的自由，而且也消减了我们社会的效率和治理能力。

——莱恩哈德·摩恩

声望再高的人也无法完全实现自己的生活准则；德行再好的人也必须避免罪恶。　　——林肯

读与思

"读"而不思则罔，思而不"读"则殆。好书须用头脑咀嚼，妙理要经心灵沉淀。

当今的阅读，其实也不仅仅是指捧着一本书读。我们上网浏览是阅读，去观察社会、欣赏自然风光也是一种阅读。　——莫言

读书要旨：记住该记住的，忘掉该忘掉的。　　——马长山

发奋识遍天下字，立志读尽人间书。　　　　——苏东坡

士大夫三日不读书，则义理不交于胸中，对镜觉面目可憎，向人亦语言无味。——苏东坡

三更灯火五更鸡，正是男儿读书时。黑发不知勤学早，白首方悔读书迟。　——颜真卿

读书不可以强读，强读必无效，反而有害，这是读书之第一要义。　　　　——林语堂

读死书是没有用的，要知道怎样用眼睛去观察，用脑子去思想才行。　　　　——茅盾

读书要有主见，有悟性，否则囫囵吞枣，食而不知其味。

——林辰

读书要用批判的眼光，要取其精华，去其糟粕。　——邓拓

读有字书，却要识没字理。

——鹿善继

有田不耕仓廪虚，有书不读

子孙愚。仓廪虚兮岁月乏,子孙愚兮礼义疏。　——《增广贤文》

人心至灵至动,不可过劳,亦不可过逸,惟读书可以养之。
——张英

人之气质,由于天生,本难改变,惟读书则可变化气质。
——曾国藩

素食则气不浊;独宿则神不浊;默坐则心不浊;读书则口不浊。　——曾国藩

读书贫里乐,搜句静中忙。苦吟僧入定,得句将成功。
——裴说

善读书者,阅古人之世;阅世者,即读今人之书。——严复

多读古书开眼界,少管闲事养精神。　　——郑燮

读过一本好书,像交了一个益友。　　　　——臧克家

读书好似爬山,爬得越高,望得越远;读好书似耕耘,汗水流得越多,收获越丰满。
——臧克家

读书犹如采金。有的人是沙里淘金,读破万卷,小康而已。有的人是点石成金,随手翻翻,便成巨富。　——周国平

人生到了一个境界,读书不是为了应付外界需求,不是为人,是为己,是为了充实自己,使自己成为一个明白事理的人,使自己的生活充实而有意义。
——梁实秋

人是活的,书是死的。活人读死书,可以把书读活。死书读活人,可以把人读死。——郭沫若

多读,多思考,多写,多改,一切技巧问题都在这几"多"之中。　　——严文井

读书如饭,善吃饭者长精神,不善吃者生疾病。——章学诚

创业者书读得不多没关系,就怕不在社会上读书。——马云

读书百遍而义自见。
——裴松之

劳于读书,逸于作文。
——程端礼

读万卷书,行万里路。
——顾炎武

读书破万卷,下笔如有神。
——杜甫

莫等闲,白了少年头,空悲切。　　　　——岳飞

业精于勤,荒于嬉;行成于思,毁于随。　　——韩愈

立身以立学为先,立学以读书为本。　　——欧阳修

非学无以广才,非志无以成学。　　　——诸葛亮

少壮不努力，老大徒伤悲。
——《汉乐府》

要知天下事，须读古人书。
——冯梦龙

外物之味，久则可厌；读书之味，愈久愈深。 ——程颐

三日不读，口生荆棘；三日不弹，手生荆棘。 ——朱舜水

好读书，不求甚解。每有会意，便欣然忘食。 ——陶渊明

凿壁偷光，聚萤作囊；忍贫读书，车胤匡衡。 ——许名奎

书卷多情似故人，晨昏忧乐每相亲。 ——于谦

学而不思则罔，思而不学则殆。 ——孔子

书犹药也，善读之可以医愚。
——刘向

自得读书乐，不邀为善名。
——王永彬

积财千万，无过读书。
——《颜氏家训》

立志宜思真品格，读书须尽苦功夫。 ——阮元

熟读唐诗三百首，不会作诗也会吟。 ——孙洙

书到用时方恨少，事非经过不知难。 ——陆游

读书志在圣贤，为官心存君国。
——朱用纯

书痴者文必工，艺痴者技必良。 ——蒲松龄

读书不知要领，劳而无功。
——张之洞

读书之法，在循序而渐进，熟读而精思。 ——朱熹

读书有三到，谓心到、眼到、口到。心不在此，则眼不看仔细，心眼既不专一，却只漫朗诵读，决不能记，记不能久也。三到之中，心到最急。心既到矣，眼口岂不到乎？ ——朱熹

读书，始读，未知有疑；其次，则渐渐有疑；中则节节是疑。过了这一番，疑渐渐释，以至融会贯通，都无所疑，方始是学。
——朱熹

读书欲精不欲博，用心欲专不欲杂。 ——黄庭坚

风声雨声读书声声声入耳，家事国事天下事事事关心。——顾宪成

早知今日读书是，悔作从前任侠非。 ——李欣

读书也像开矿一样"沙里淘金"。 ——赵树理

读书破万卷，胸中无适主，便如暴富儿，颇为用钱苦。
——郑板桥

读书好，多读书，读好书。
——冰心

读书忌死读，死读钻牛角。
——叶圣陶

无目的读书是散步而不是学习。——胡适

鸟欲高飞先振翅，人求上进先读书。——李苦禅

心之官则思，思则得之，不思则不得也。——孟子

天下何思何虑？天下同归而殊途，一致而百虑。——《周易》

传学两字曰"读"与"耕"，兴家两字曰"俭"与"勤"。
——陈梦雷

少年读书，如隙中窥月；中年读书，如庭中望月；老年读书，如台上玩月。皆以阅历之深浅，为所得之深浅耳。——张潮

希望你们养成读书的习惯，从读书中找乐趣，这个乐趣人家剥夺不了的。而且你遇到任何挫折，有个习惯是读书的话，什么失败什么挫折，都看不在眼，不放在心上，而且永远觉得一生很快乐。——金庸

嗜书如嗜酒，知味乃笃好。
——范成大

读重要之书，不可不背诵。
——司马光

读书如吃饭，善吃者长精神，不善吃者长疾瘤。——袁牧

读未见书，如得良友；读已见书，如逢故人。——左宗棠

自古圣贤，盛德大业，未有不由学而成者。——黄宗羲

任何事情只怕不想，如果肯想，没有想不明白的。
——叶圣陶

或作或辍，一曝十寒，则虽读书百年，吾未见其可也。
——吴梦祥

读书永远不恨其晚。晚，比永远不读强。——梁实秋

读不在三更五鼓，功只怕一曝十寒。——郭沫若

看书如服药，药多力自行。
——陈秀明

读死书是害己，一开口就害人。——鲁迅

应做的功课已完而有余暇，大可以看看各样的书，即使和本业不相干，也要泛览。——鲁迅

我喜欢读书，喜欢认识人，了解人。多读书，多认识人，多了解人，会扩大你的眼界，会使你变得善良些、纯洁些，或者对别人有用些。——巴金

你若喜欢上一本书了，不妨多读。第一遍可囫囵吞枣读，这叫享受；第二遍就静心坐下来读，这叫吟味；第三遍便要一句

一句想着读，这叫深究。三遍读过，放上几天，再去读读，常又会有再新再悟的地方。你真真正正爱上这本书了，就在一个时期多找些这位作家的书来读，读他的长篇，读他的中篇，读他的短篇，或者散文，或者诗歌，或者理论，再读外人对他的评论，所写的传记，也可再读读和他同期作家的一些作品。这样，你知道他的文了，更知道他的人了，明白当时是什么社会，如何的文坛，他的经历、性格、人品、爱好等是怎样促使他的风格的形成。

——贾平凹

独立思考能力是科学研究和创造发明的一项必备才能。在历史上任何一个较重要的科学创造和发明，都是和创造发明者独立地、深入地看问题的方法分不开的。

——华罗庚

学习和思考二者必须结合起来，不可偏废。单思不学，会变成空想妄想；单学不思，又变成书呆子。

——蔡尚思

学习必须和思索交替进行。一天到晚读书，却不注意消化，这种学习，效率是不会高的。

——秦牧

人是有思想的动物，不会思想有愧于为人。

——谢觉哉

书籍是全人类的营养品。

——莎士比亚

不读书的人，思想就会停止。

——狄德罗

我们读书越多，就越发现我们是无知的。

——雪莱

光明给我们经验，读书给我们知识。

——奥斯特洛夫斯基

世界上什么工作最艰苦？思考问题。

——爱默生

读书时，我愿在每一个美好思想的面前停留，就像在每一条真理面前停留一样。

——爱默生

风就是风。人能受得了地面上的阵阵狂风，所以也能禁得住高空的风。它们没有区别，不同的是头脑中怎么想。

——《你当像鸟飞往你的山》

读史使人明智，读诗使人灵秀，数学使人周密，科学使人深刻，伦理使人庄重，逻辑修辞使人善辩。凡有所学，皆成性格。

——培根

读书不是为了雄辩和驳斥，也不是为了轻信和盲从，而是为了思考和权衡。

——培根

读书而不思考，等于吃饭而不消化。

——波尔克

一个人年轻的时候不学会思

索，他将一无所获。——爱迪生

任何问题都有解决的办法，无法可想的事是没有的。可是你果真弄到了无法可想的地步，那也只能怨自己是笨蛋、是懒汉。

——爱迪生

读了一本书，就像对生活打开了一扇窗户。——高尔基

书是人类进步的阶梯，终生的伴侣，最诚挚的朋友。

——高尔基

读书——对于一个有文化教养的人，是种高尚的享受。我珍视书籍，它是我热爱的癖好。

——高尔基

懒于思索，不愿意钻研和深入理解，自满或满足于微不足道的知识，都是智力贫乏的原因。

——高尔基

读书使人充实，思考使人深邃，交谈使人清醒。——富兰克林

读书是易事，思索是难事，但两者缺一，便全无用处。

——富兰克林

读书是我唯一的娱乐。我从不把时间浪费于酒店、赌博或者任何一种恶劣的游戏。

——富兰克林

书籍应有助于达到以下四个目的中的一个：获取智慧，变得虔诚，得到欢乐，或便于运用。

——德纳姆

书中横卧着整个过去的灵魂。

——卡莱尔

唯书籍不朽。——乔特

书籍是前人的经验。

——拉布雷

读书而不回想，犹如食物而不消化。——伯克

读一本好书，就是和许多高尚的人谈话。——歌德

书籍是最好的朋友。当生活中遇到任何困难的时候，你都可以向它求助，它永远不会背弃你。——都德

我们要爱书，要读书，但不可漫无选择。——法朗士

不读书的家庭，就是精神上残缺的家庭。——巴甫洛夫

书籍是屹立在时间的汪洋大海中的灯塔。——惠普尔

书籍使一些人博学多识，但也使一些食而不化的人疯疯癫癫。

——彼特拉克

不读书就没有真正的学问，没有也不可能有欣赏能力、文采和广博的学问。——赫尔岑

书是随时在近旁的顾问，随时都可以供给你所需要的知识，而且还可以按照你的心愿，重复这顾问的次数。——海伦·凯勒

光阴给我们经验，读书给我们知识。——奥斯特洛夫斯基

书是我的奴隶，应该服从我的意志，供我使用。——马克思

爱好读书，就能把无聊的时刻变成喜悦的时刻。——孟德斯鸠

不好的书也像不好的朋友一样，可能会把你残害。——菲尔丁

不好的书告诉你错误的概念，使无知者变得更无知。
　　　　　　　——别林斯基

一个没有书本和墨水的闲居者，等于是一具有生命的僵尸。
　　　　　　　——诺贝尔

读书就有力量，因为读书可以帮助工作，可以增加工作的力量。
　　　　　　　——拿破仑

许多难题只有在逆向思考的时候才能得到最好的解决。
　　　　　　　——查理·芒格

有阅读能力而不愿读好书的人和文盲没有两样。
　　　　　　　——马克·吐温

和书籍生活在一起，永远不会叹气。——罗曼·罗兰

不读书的人，不光人要变得浅薄，也将为社会前进的步伐所抛弃。——池田大作

对许多人，书籍与鲜花之重要根本不亚于面包。——巴尔扎克

读书是在别人思想的帮助下建立自己的思想。——鲁巴金

所谓会读书，就是本着诚意去读确实有价值的书，这是一种高尚的消遣。——梭罗

使我懂得人生的，并不是和别人接触的结果，而是和书接触的结果。——法朗士

读书可以获得知识，思考才能去粗存精。——奥斯本

思考是理性的行动，而幻想是理性的愉悦。——雨果

我思故我在。——笛卡尔

思考是创造一个世界的首要工作。——加缪

人类一思考，上帝就发笑。
　　　　　　　——米兰·昆德拉

我们是会思考的人类，我们无法把理智排斥在我们参与的一切活动之外。——威廉·詹姆斯

真正思考的人，从自己的错误中吸取的知识要比从自己的成就中吸取的知识多。——杜威

只有通过沉思，让我们的灵魂与思想的最高峰在一起时，我们有的活动、言辞、行为才能变得真实。——泰戈尔

教会学生思考，这对学生来说是一生中最有价值的本钱。
　　　　　　　——赞可夫

多方面思考我们周围的世界，对我们进行生活的自我省察有益无害。
——奥修

善问和善思是一对孪生兄弟。
——柯罗连科

冷静思考的能力，是一切智慧的开端，是一切善良的源泉。
——弗洛伊德

欲解决问题必须思考，即使决定应收集哪些事实也必须思考。
——霍金斯

只有那些善于思考的人，才能运用认识能力去发现真理。
——赫拉克利特

书籍的唯一真正用处，是使人能自己去思考。如果有不能引人思考的书，便不值得占书架一席地。
——比耶

思想最深沉的人，总是在别人的想法中采撷适合自己的东西，然后使之脱胎换骨。——亚兰

为了能够做真实和正确的判断，必须使自己的思想摆脱任何成见和偏执的束缚。
——罗蒙诺索夫

应该尽力于思想得很多，而不是知道得很多。——德谟克利特

人，总有根据前人思索过的记忆来使用眼睛的习惯，因而一切东西都一定还有未被探索到的地方。
——福楼拜

阅读只能供给知识的材料，若要据为己有，必须依靠思索能力。
——洛克

过分冷静的思考、缺乏感情的冲动，也必然使人的心理变态。
——瓦西列夫

大多数人最烦恼的苦事，就是苦思冥想。——詹姆斯·布莱斯

不善思索的有才能的人，必定以悲剧收场。——甘必大

人凭借思考而能变成神。
——拉马丁

一分钟的思考抵得过一小时的唠叨。——托马斯·胡德

不会思想的人是白痴，不肯思想的人是懒汉，不敢思想的人是奴才。——尼采

我们要敢于思考"不可想象的事情"，因为如果事情变得不可想象，思考就停止，行动就变得无意识。——富布赖特

思考与实用的结合，就能产生明确的概念，就能找到一些简便方法，这些方法的发现激励着自尊心，而方法的准确性又能使智力得到满足。原来枯燥无味的工作，有了简便方法，就令人感到兴趣了。
——卢梭

学与教

学如幼苗需灌溉,教似春风化雨时。真正的教育,是点燃心火而非灌满水桶。学无止境,教亦无涯。

有些事我们需要知道,还有些事,我们知道我们不知道,又有些事,我们不知道我们不知道,咋办啊?学习啊! ——张作霖

学可以无术,但不可以不博,学而不博就是没见识。
——和珅

泰山不让土壤,故能成其大;江海不择细流,故能就其深。
——李斯

敏而好学,不耻下问,是以谓之文也。 ——孔子

学而不化,非学也。
——杨万里

君子之学,死而后已。
——顾炎武

读书教子,是传家长久之要道。 ——王夫之

养不教,父之过;教不严,师之惰。 ——王应麟

学其上,仅得其中;学其中,斯为下矣。 ——严羽

古之学者必有师。师者,传道授业解惑也。 ——韩愈

欲求超胜,必须会通。会通之前,先须翻译。 ——徐光启

击石原有火,不击乃无烟。人学始知道,不学亦徒然。
——《增广贤文》

少而好学,如日出之阳;壮而好学,如日中之光;老而好学,如秉烛之明。 ——刘向

不登高山,不知天之高也;不临深溪,不知地之厚也;不闻先王之遗言,不知学问之大也。
——荀子

学者用功,须是渐进而不已,日计不足,岁计则有余,若一曝十寒,进锐退速,皆非学也。
——朱舜水

教育是帮助被教育的人,给他们能发展自己的能力,完成他

的人格，于人类文化上尽一份责任；不是把被教育的人造成一种特别器具，给抱有他种目的的人去应用，教育是要个性与群性平均发达的。　　　——蔡元培

倘能生存，我当然仍要学习。
　　　　　　　　　——鲁迅

学问的宫殿不分贫富都可以进去。　　　　　　——巴金

板凳要坐十年冷，文章不写一句空。　　　　——范文澜

盖一国之教育，凡以进民德、开民智、增民力而已。
　　　　　　　　——范源濂

正确教育子女的方法，我们以为最主要的应该是爱和严相结合。　　　　　——吴玉章

校长是一个学校的灵魂，要想评论一个学校，先要评论他的校长。　　　　——陶行知

过去中国之衰，原因虽有种种，但教育的不振，当然是主要的原因之一。　　——郁达夫

学习是一个人的真正看家本领，是人的第一特点，第一长处，第一智慧，第一本源，其他一切都是学习的结果，学习的恩泽。
　　　　　　　　　——王蒙

学习本身是顽强的劳动，古今中外有名的学者，都是经过艰苦努力，才取得出色的成就。
　　　　　　　　　——吴晗

过于心急的学习实在并不是学习。"百日通""速成科"只能欺骗热切的希望，决不能从这些上得到真实的益处。——叶圣陶

为学有三条路向：一是深思，二是多闻，三是能干。第一途是做成思想家的路向；第二是学者；第三是事业家。这三种人同是为学，而其对于同一对象的理解则不一致。　　——许地山

一等的学习，自己教育自己；二等的学习，朋友互相砥砺；三等的学习，等着老师教导；劣等的学习，拒绝所有言教。
　　　　　　　　——星云大师

善于读书学习，便能从中获取从业所需的技能之学、为人做事的哲理之学、陶冶情操的审美之学、创新创造的启智之学。
　　　　　　——《人民日报》

儿童之精神，虽以外物而有殊别，然有不可不同具者，则为中国国民应有三：德与智与美三者。所以养成之者，则有小学校与社会教育。　　　——鲁迅

要有良好的社会，必先有良好的个人；要有良好的个人，就要先有良好的教育。——蔡元培

学习和钻研，要注意两个不良，一是"营养不良"，没有一定的文史基础，没有科学理论上的准备，没有第一手资料的收集，搞出来的东西不是面黄肌瘦，就是畸形发展；二是"消化不良"，对于书本知识，无论古人今人或某个权威的学说，要深入钻研，过细咀嚼，独立思考，切忌囫囵吞枣，人云亦云，随波逐流，粗枝大叶，浅尝辄止。——马寅初

没有渐变，不会有质变；没有数量，就谈不上质量。只有平日多学习，多积累，才有可能产生高水平的创作。——王梓坤

要提高学习效率，另一个要点是持之以恒。学习总是连续性的，用功一阵子，又丢一阵子，想重新拾起来就事倍功半了。
——谷超豪

理想中的学者，既能博大，又能精深。精深的方面，是他的专门学问；博大的方面，是他的旁搜博览。博大要几乎无所不知，精深要几乎唯他独尊，无人能及。——胡适

教育决定一个人未来生活的方向。——柏拉图

榜样是一门人人能读的课程。
——吉尔伯特·韦斯特

教育的目的不是在制造机械，而是在培养人。——罗素

孩子应被引向正确的道路，但不是通过严厉的管教，而是通过说服教育。——米南德

父母在对儿子应给的银钱上吝啬，是一种有害的错误；这使得他们卑贱；使他们学会取巧；使他们与下流人为伍；使他们到了富裕的时候容易贪欲无度。因此为父母者若对他们的子嗣在管理上严密，而在钱包上宽松，则其结果是最好的。——培根

历史使人聪明，诗歌使人机敏，数学使人周密，自然科学使人深刻，伦理学使人庄重，逻辑学和修辞学使人善辩。——培根

人的天性犹如野生的花草，求知学习好比修剪移栽。——培根

数学是上帝书写宇宙的文字。
——伽利略

了解人的本性是政治教育的开始和终止。——亚当斯

教育的伟大目的乃是使我们超越于庸俗之上。

——理查德·斯蒂尔

懂得少年的志趣，调整好他发自心灵的乐声——这是一种伟大的教育艺术。如果你能以自己的心去感觉另一个人的心脏的跳

动,那么你就能够掌握这门教育艺术。　　——苏霍姆林斯基

教育首先在于培养、磨炼一个人成为受教育者的能力。
　　　　　　——苏霍姆林斯基

学校的目标应是培养有独立行动和独立思考的人。
　　　　　　　　——爱因斯坦

办好教育的关键,第一在于教师,第二还在于教师。
　　　　　　　　——永井道雄

人生具有人道的根苗,须待教育发展出来使人实践人的造诣。
　　　　　　　　　　——康德

性格的教育是教育的主要目的,虽然它不能算是唯一的目的。
　　　　　　　　　——爱迪生

要学习,甚至从自己的敌人那里去学习怎样做到明智、真实、谦逊,学习怎样避免自视过高,这总不会为时太晚的。
　　　　　　　　　　——卢梭

人们只想到怎样保护他们的孩子,这是不够的。应该教他成人后怎样保护他自己,教他经受得住命运的打击,教他不要把豪华和贫困看在眼里,教他在必要的时候,在冰岛的冰天雪地或者马耳他岛的灼热的岩石上也能够生活。　　　　——卢梭

使孩子诚实是对儿童教育的开始。　　　　——拉斯金

智力教育的主要内容不是为了获取数据,而是要让数据说明问题。　　——奥立弗·霍姆斯

如果你让一位男子接受教育,你只是教育一个人;如果你让一位妇女接受教育,那么你教育了一家子。——鲁比·马尼肯

教育,是民族最伟大的生存原则,是一切社会里把恶的数量减少、把善的数量增加的唯一手段。　　　——巴尔扎克

人生最美好的主旨和人类生活最幸福的结果,无过于学习了。
　　　　　　　　——巴尔扎克

教育是廉价的国防。
　　　　　　——亚里士多德

只要把学校和生活联系起来,那么一切学科就必然地相互联系起来。　　　——杜威

一个人应能利用别人的经验,以弥补个人直接经验的狭隘性,这是教育的一个必要的组成部分。　　　　　——杜威

我们把教育定义如下:所谓教育,是忘却了在校学的全部内容之后剩下的本领。
　　　　　　　　——爱因斯坦

聪明的人不是具有广博知识

的人，而是掌握有用知识的人。
　　　　　　——埃斯库罗斯
　　学习，不断地追求真理和美，是使我们能永葆青春的活动范围。　　　　——爱因斯坦
　　学习是一种很幸福的机会，是为了获得知识和扩大眼界就必须彻底利用的一种机会。
　　　　　　　　——加里宁
　　学生在大学里不仅要学习知识，而且要从教师的教诲中学习研究事物的态度，培养影响其一生的科学思维方式。
　　　　　　　——雅斯贝尔斯
　　最弱的人，集中其精力于单一目标，也能有所成就；反之，最强的人，分心于太多事务，可能一无所成。　　——卡莱尔
　　学习这件事不在乎没有人教你，最重要的是在于你自己有没有觉悟和恒心。　——法布尔
　　学习对你们决不太晚！……不要怕劳苦！开始吧！你必须知道一切！　　　——布莱希特
　　掌握知识对于一个人来说是不够的，应当善于使知识得到发展。　　　　　　——歌德
　　真正的征服，唯一不使人遗憾的征服，就是对无知的征服。
　　　　　　　　——拿破仑

　　光学习而不加以理解消化，这种学习有什么用呢？——蒙田
　　只要有决心和毅力，什么时候学也不算晚。　——克雷洛夫
　　构成我们学习的最大障碍是已知的东西，不是未知的东西。
　　　　　　　　——贝尔纳
　　每个人都有可能成为学者，并不是只有那些独具匠心的人才能成为学者。　　——爱默生
　　谁要是珍惜有思想的生活，谁就要清楚地了解，只有自学，才是真正的学习。——皮萨列夫
　　我学习一生。现在，我还在学习；而将来，只要我还有精力，我还要学习下去。
　　　　　　　　——别林斯基
　　人生很短促，其中的安静时刻又很少，所以我们不应该把那些时刻浪费在阅读无价值的书籍上。
　　　　　　　　——罗斯金
　　我们真正的目标是使学习艺术的学生惯于制出表现首创性的作品，而不单单模仿放在他跟前的事物。　　　——夸美纽斯
　　智力的跃进，唯有创造力极强的人生气勃勃地独立思考，并在有关事实的正确知识指导下走上正轨，才能实现。——普朗克

事与理

事与理相辅相成。事是理的基础，理是事的指导。做事需循理而行，才能事半功倍。

才不足则多谋，识不足则多虑；威不足则多怒，信不足则多言；勇不足则多劳，明不足则多察；理不足则多辩，情不足则多仪。　　——陈宏谋

无事于心，无心于事。
　　　　　　　——释普济

慎终如始，则无败事。
　　　　　　　——老子

君子畏理，甚于畏法。
　　　　　　　——吕坤

世无常贵，事无常师。
　　　　　　　——鬼谷子

天无二日，人无二理。
　　　　　　　——吴承恩

一时强弱在于力，千秋胜负在于理。　　　　——曹禺

凡事但存天理在，安心自有福来临。　　　——冯梦龙

凡事只要看其理如何，不要看其人是谁。　——陆九渊

修学不以诚，则学杂，为事不以诚，则事败。　——晁说之

穷而思达，人之情也；卑而应高，物之理也。　——卢照邻

凡大事皆起于小事，小事不论，大事又将不可救。——吴兢

爱人不以理，适是害人；恶人不以理，实是害己。——魏际瑞

虚灵不昧，众理具而万事出。心外无理，心外无事。
　　　　　　　——王阳明

任事在人后，见事在人先，以之涉斯世，庶几无尤焉。
　　　　　　　——袁枚

苙事以明字为第一要义。明有二：曰高明，曰精明。
　　　　　　　——曾国藩

同恶相助，同好相留，同情相成，同欲相趋，同利相死。
　　　　　　　——司马迁

凡做事须从容细密，事事有条理；勿鲁莽粗疏，有初鲜终。
　　　　　　　——陈确

见不尽者，天下之事；读不尽者，天下之书；参不尽者，天下之理。　　——冯梦龙

必出世者，方能入世，不则世缘易堕；必入世者，方能出世，不则空趣难持。　　——林逋

求人须求英雄汉，济人须济急时无。渴时一滴如甘露，醉后添杯不如无。　　——《增广贤文》

会做快活人，凡事莫生事。会做快活人，省事莫惹事。会做快活人，大事化小事。会做快活人，小事化无事。　　——郑瑄

论事当问理之是非，岂计事之大小。　　——申涵煜

眼界窄，襟怀不宽；心肠小，步履不大。　　——何伟然

处难处之事，愈宜宽。处难处之人，愈宜厚。处至急之事，愈宜缓。　　——《格言联璧》

人生不如意事常居八九，试看一月之中月圆只有十五、十六两日，故知不足是万事之至理。
　　——归终居士

《易经》上说："一阴一阳之谓道。"……天时的阴阳，有一定的标准，是万古不变的。而人事的盛衰，则是随着人心的动向，变化无常。这种无常的变化，乃是依着天道一阴一阳有一定的标准牵发而来的。
　　——聂云台

如果我们与任何事物、任何人都是互相依存的，那么即使是我们最微小、最微不足道的思想、语言和行为，都会对全宇宙产生影响。　　——索甲仁波切

心里有气、有怨说出来就好了，不管真对真错，别留着，留日子长了，就长在身体里了。
　　——《姥姥语录》

所谓见过世面，不是在某个高级餐厅吃个饭，也不是去世界各地旅行了一圈，而是当人性在你面前缓缓展开的时候，你的那份宁静坦然。不要高估你和任何人的关系，更不要低估人性的逐利规则，做好自己，亲疏随缘，时间会沉淀最真挚的情感，风雨会考验最温热的陪伴。最终我们会发现，人生最曼妙的风景，是那份内心的淡定与从容。
　　——杨绛

重孙有理告太公。　——谚语

歪理千种，真理一条。
　　——谚语

弓是弯的，理是直的。
　　——谚语

路有千条，理只一条。
　　——谚语

公土打公墙，有理走四方。
　　　　　　　　——谚语

有理说不输，无理说不赢。
　　　　　　　　——谚语

有理走遍天下，无理寸步难行。　　　——谚语

自然是通过自身，而不经过任何其他事物被认识。
　　　　　　——斯宾诺莎

不愿说理是固执，不会说理是傻瓜，不敢说理是奴隶。
　　　　　　——德拉蒙德

上帝赐给我们一个世界，只是由于我们的愚蠢才没能成为一个乐园。　　——萧伯纳

乐观主义者宣称我们生活在美好的世界上，而悲观主义者则怀疑这是否是真的。——卡贝尔

如果你过分珍爱自己的羽毛，不使它受一点损伤，那么你将失去两只翅膀，永远不再能够凌空飞翔。　　　　——雪莱

并不是因为事情难我们才不敢做，是因为我们不敢做，事情才难。　　　　——塞内卡

任何事物，除了在我们思想中使之固定不变外，都没有恒常的位置。　　　　——笛卡尔

那种正确的判断和辨别真假的能力，实际上也就是称之为良知或理性的那种东西，是人人天然的、均等的。　　——笛卡尔

理智有它的偏见；感觉有它的不定性；记忆有它的限制；想象有它的朦胧处；工具有它的完善处。　　　　——狄德罗

表面鲜嫩可爱，内核变坏的梨子在这个世界上不知有多少。看上去纯净无瑕，内心早就长了虫的苹果，在这个世界上不知有多少。然而橙子却毫无缺点可以隐瞒，它的外部就是它内心的一面镜子。　　——米尔恩

尽管各种形式变化无穷，更迭不已，但物质仍然是物质。
　　　　　　　　——布鲁诺

什么也不怕，热爱神圣事物而轻视其他快乐，对自己的生命毫不挂虑。　　——布鲁诺

凡是合乎理性的东西都是现实的，凡是现实的东西都是合乎理性的。　　　——黑格尔

存在即合理。　　——黑格尔

只有在失去可贵的事物之后，人们才理解到它们的价值。
　　　　　　　——普劳图斯

物有定处，事有定时。
　　　　　　——富兰克林

吾爱吾师，吾更爱真理。
　　　　　　——亚里士多德

事实并不因无人注意而不存在。
——赫胥黎

杯中的水是光辉的，海中的水却是黑色的。小理可以用文字来说清楚，大理却只有沉默。
——泰戈尔

美与丑

美与丑并非绝对，常因人而异。美可藏于平凡，丑亦可能被误解。外表美易见，心灵美更珍贵。

漂亮不等于美，不该漂亮的漂亮是丑。——王朝闻

物有美德，施用有宜；美不常珍，恶不终弃。——刘昼

西施有所恶而不能减其美者，美多也；嫫母有所善而不能救其丑者，丑笃也。——葛洪

求美则不得美，不求美则美矣。求丑则不得丑，求不丑则有丑矣。不求美又不求丑，则无美无丑矣，是谓玄同。——《淮南子》

白玉不雕，美珠不文，质有余也。——《淮南子》

情之所钟，虽丑不嫌。——《浮生六记》

美比漂亮的价值高。——吴冠中

人都有爱美之心，追求美也是人类的本能之一。——柳青

人的根本改造应当从儿童的感情教育、美的教育入手。——郭沫若

丑和美不但可互转，而且可以由反衬而使美者越美、丑者越丑。——朱光潜

一切美的光是来自心灵的源泉。没有心灵的映射，是无所谓美的。——宗白华

一切之美皆形式之美也。就美之自身言之，则一切优美皆存于形式之对称变化及调和。——王国维

一个人的美，其五官的位置只占其中的百分之十。——程乃姗

一个品质高尚的人，永远是年轻和美丽的。——冯雪峰

从生活中去发现人的精神和

体态的美,这是一种高尚的、典雅的、无邪的美。 ——华君武

美,首先征服人的感官,然后才是人心;优雅,首先征服人心,然后才是人的感官。

——汪国真

美丽是一种天赋,自信却像树苗一样,可以播种,可以培植,可以蔚然成林,可以直到天荒地老。 ——毕淑敏

别忘记这个世界最美丽的东西,诸如孔雀、百合花等,都是些最没有用处的东西。

——罗斯金

绝对的丑陋是没有的。

——罗斯金

美丽比黄金容易招引盗贼。

——莎士比亚

美能激发人的感情,爱能净化人的心灵。 ——迪南

美而无德,有如没有香味的花,虚有其表。 ——笛福

美的东西应该让大家都能看到,只有这样,它才会有生命力。

——高尔基

人得自天赋的美感应该提高到由学习、修养而形成的审美趣味的水平。 ——别林斯基

美与丑,并不在于一个人的本来面貌如何,而在于他是如何看待自己的。 ——索洛维契克

如果丑陋的人偏想要别人称赞他美,跛脚的人偏想表现矫健,那么这种原来引起我们同情的不幸情况又会引起我们的讥笑了。

——菲尔丁

美丽的外形胜过美丽的脸蛋,美丽的行为胜过美丽的外形。

——爱默生

黄金的作用大,但美的作用更大,这一点是千真万确的。

——马辛杰

凡是美的都是和谐和比例合度的。 ——夏夫兹博里

美好的东西和有用的东西同样有益,而且也许更有益。

——雨果

你不要忘了我最喜欢的一句箴言:"自然总是美的。"能了解自然向我们指出的,这就够了。

——罗丹

丑的事物往往比美的事物更深刻地揭示人性,正如瘢痕比光滑的皮肤更能诉说生命的真实。

——阿尔贝·加缪

美的东西是我们不顾任何利益而喜爱的东西。 ——康德

人应当一切都美,外貌,衣裳,灵魂,思想。 ——契诃夫

全部的美,都是由纯洁的血

液和伟大的脑髓产生出来的。

——惠特曼

美的最高理想要在实在与形式尽量完美的结合与平衡里才可找到。——席勒

真正的美永远带着缺憾,如同断臂的维纳斯,那空缺处恰是想象力的圣殿。——三岛由纪夫

在艺术中,丑恶必须被驯服,不是通过掩饰,而是通过赋予其形式,正如但丁令地狱的哀嚎化作三韵体的庄严。

——艾略特

我们所谓丑,不过是某种尚未被理解的和谐。当感官与心智无法捕捉其内在比例时,便粗暴地冠以"丑"之名。——达·芬奇

仅停留在欣赏和理解的水平还不够,我们还需要体会和感受,这才是真正的美。——伏尔泰

最危险的丑,是那些披着完美外衣的谎言。它们用对称的面具扼杀灵魂的悸动。——卡夫卡

美是脆弱的,需要谎言与脂粉的庇护;丑是坚韧的,它在真相的荒野中自由生长。——萨特

看两遍吧,如果你想获得一个正确的概念;只看一遍,如果你想获得一种美的感觉。

——阿米尔

每种最高艺术都以科学为依据。没有科学,既不能有完全美的创作,也不能有充分的欣赏。

——斯宾塞

形体之美要胜于颜色之美,而优雅行为之美又胜于形体之美,最多的美是画家无法表现的,因为它是难于直观的。

——培根

美德有如宝石,最好是用素净的东西镶嵌。 ——培根

对于我们的眼睛,不是缺少美,而是缺少发现。 ——罗丹

美貌只能迷住人的眼睛,美德才能打动人的心灵。 ——蒲柏

我们把美归结为质朴无华,实实在在,恰到好处。——爱默生

美的特点并非刺激欲望或把它点燃起来,而是使它纯洁化。

——库申

美使我们与世界合成一体,崇高使我们凌驾于世界之上。

——桑塔亚娜

美是在个别的、活生生的事物,而不在抽象的思想。

——车尔尼雪夫斯基

名誉和美德是心灵的装饰,要没有它,那肉体虽然真美,也不应该认为美。 ——塞万提斯

美与善是不可分割的,因

为二者都以形式为基础；因此，人们通常把善的东西也称赞为美的。——阿奎那

我们固然不能说，凡是合理的都是美的，但凡是美的确实都是合理的，至少是应该合理的。
——歌德

烦恼里含有美。我在影片里表现的一切，包括悲哀的或不悲哀的，都是为了想表达一点美。
——卓别林

物质的美就是心灵美的符号，心灵美就是精神的美与道德的美，美的统一性就是在这里。
——库申

美！这是用心灵的眼睛才能看到的东西。——茹贝尔

美与真是一回事。这就是说，美本身必须是真的。
——黑格尔

在一切创造物中，没有比人的心灵更美好的东西了。——海涅

人的外表的优美和纯洁，应是他内心的优美和纯洁的表现。
——别林斯基

矫揉造作、失去真实的不是美，充满了富贵荣华的名利思想也不是真美。——孟德斯鸠

必要的时候不妨把衣服穿得马虎一点，可是心美必须保持整洁才行。——马克·吐温

一切快感都是固有的和积极的价值，但绝不是一切快感都是审美的感知。——桑塔亚娜

外表的美只能取悦于人的眼睛，而内在的美却能感染人的灵魂。——伏尔泰

人并不是因为美丽而可爱，而是因为可爱而美丽。
——列夫·托尔斯泰

只有唤起人类追求美的愿望，她才能获得美的本身。
——邓肯

善是真与美的特殊形式，是人类品行中的真和美。——柯伦泰

一个敏感的人，即使在最痛苦的时候也能找到美的因素。
——阿尼克斯特

世界上只有两个元素，美和真。美在情人的心中，真在耕者的臂里。——纪伯伦

美，是人喜欢某种事物时的感受。美所带来的快乐是一种没有利害关系的、自由的快乐。
——瓦西列夫

一切精美的东西都有其深沉的内涵。——李斯特

应该学会把心灵的美看得比形体的美更珍贵。——柏拉图

美丽的灵魂可以赋予一个并

不好看的身躯以美感。——莱辛

美丽的身材可以吸引真正的倾慕者,但是要持久地吸引他们,需要有美丽的灵魂。

——科尔顿

魅力是一种内在美,而不是妩媚的面貌和动人的体态。

——布雷默

美是奇异的。它是艺术家从世界的喧嚣和他自身灵魂的磨难中铸造出来的东西。 ——毛姆

人的面孔要比人的嘴巴说出来的东西更多、更有趣,因为嘴巴说出的只是人的思想,而面孔说出的是思想的本质。——叔本华

荣与辱

荣似朝露映霞光,辱如暮雪覆寒霜。荣时当思辱之痛,辱处可炼志之刚。智者视荣辱为浮云,愚者困毁誉作囚笼。心若泰然,荣辱皆成过客;志存高远,得失都是修行。

得宠思辱,安居虑危。念念有如临敌日,心心常似过桥时。

——《增广贤文》

好誉者多辱也。誉满主惊,名高众之所忌焉。誉存其伪,诡者以誉欺人。名不由己,明者言不自赞。贪巧之功,天不佑也。赏誉勿轻,轻则誉贱,贱则无功也。受誉知辞,辞则德显,显则释疑也。上下无争,誉之不废焉。人无誉堪存,誉非正当灭。求誉不得,或为福也。

——《止学》

性清者荣,性浊者辱。

——左芬

人必自侮,然后人侮之。

——孟子

荣辱之责,在乎己而不在乎人。 ——魏征

人必其自敬也,然后人敬之。

——扬雄

不受虚誉,不祈妄福,不避死义。 ——王通

卑而言高,能言而不能行者,君子耻之矣。——《盐铁论》

宠位不足以尊我,而卑贱不

足以卑己。　　　——王符

苟纵心于物外，安知荣辱之所如。　　　——张衡

根深而枝叶茂，行久而名誉远。　　　——徐干

死辱片时痛，生辱长年羞。
　　　——孟郊

好胜者必争，贪勇者必辱。
　　　——林逋

安求一时誉，当期千载知。
　　　——梅尧臣

所荣者善行，所耻者恶名。
　　　——王安石

人要看得自己贵重，方能有耻。　　　——程汉舒

百人誉之不加密，百人毁之不加疏。　　　——苏洵

人一无耻，便如病者闭喉，虽有神丹，不得入腹也。
　　　——魏叔之

荣誉就像河流，轻浮的和空虚的荣誉浮在河面上，沉重的和厚实的荣誉沉在河底里。
　　　——培根

美名盛誉恰是过眼烟云。
　　　——马克·吐温

通向荣誉的路上，并不铺满鲜花。　　　——但丁

无愧于荣誉要比占有荣誉更有意义。　　　——托·富勒

我们的生命可以被夺去，可是谁也不能把我们的光荣和爱情夺去。　　　——伏契尔

荣誉就像玩具，只能玩玩而已，绝不能永远记住它，否则就一事无成。　　　——居里夫人

内心的荣誉感是引导我们向前的动力，这不是我们随便就可以改变了的。——武者小路实笃

荣誉有如萤虫之火，在黑暗的夜空里，它放着光，显示出美丽，极其可贵。但是靠近一看，立刻就会明白它是何等的软弱无力。
　　　——池田大作

谁鄙夷荣誉，谁就能获得真正的荣誉。　　　——塞内加

编织桂冠要比找到与它相称的脑袋容易得多。　　——歌德

有声名而不被了解比没有声名更难堪。　　——罗曼·罗兰

我希望真正的荣誉在我心中远远高于财富。　　——纳尔逊

第六辑　财富真相

人两脚钱四脚，聪明人都学会了用钱生钱。

财与货

财与货紧密相连,财是货的价值体现,货是财的物质载体。合理利用财与货,可促进经济繁荣;过度追逐则易迷失本心,失去生活的真正意义。

做大生意的眼光,一定要看大局,你的眼光看得到一省,就能做一省的生意;看得到天下,就能做天下的生意;看得到外国,就能做外国的生意。

——高阳

有钱道真语,无钱语不真。不信但看筵中酒,杯杯先劝有钱人。

——《增广贤文》

磨刀恨不利,刀利伤人指。求财恨不多,财多害人己。

——《增广贤文》

贤而多财,则损其志;愚而多财,则益其过。 ——班固

财者,国之宝也,民之司命也。 ——唐甄

聚天下之人,不可以无财;理天下之财,不可以无义。

——王安石

亲爱如兄,字曰孔方。失之则贫弱,得之则富强。无翼而飞,无足而走。 ——鲁褒

大农、大工、大商谓之三宝。农一其乡,则谷足;工一其乡,则器足;商一其乡,则货足。——姜子牙

欲正天下,财不盖天下,不能正天下;财盖天下,而工不盖天下,不能正天下;工盖天下,而器不盖天下,不能正天下;器盖天下,而士不盖天下,不能正天下;士盖天下,而教不盖天下,不能正天下;教盖天下,而习不盖天下,不能正天下;习盖天下,而不遍知天下,不能正天下;遍知天下,而不明于机数,不能正天下。 ——管仲

夫物多则贱,寡则贵,散则轻,聚则重。 ——管仲

商不出则宝货绝。

——《盐铁论》

以财为草,以身为宝。

——刘向

时移俗易，物同价异。

——葛洪

贸迁有无，各得其所。

——《晋书》

白玉微瑕，善贾之所不弃。

——吴兢

以财事人者，财尽而交疏。

——李昉

厚人而薄财，损上以益下。

——陆贽

财者，为国之命而万事之本。

——苏辙

年年逐利西复东，姓名不在县籍中。 ——张籍

波斯老贾度流沙，夜听驼铃识路赊。 ——马祖常

积钱多的，反而使得子孙没饭吃，甚至连子孙都灭绝了；不肯取巧发财的，子孙反而能够有饭吃，而且有兴旺的气象。

——聂云台

帝王生财之道，在节用爱民。

——《清史稿》

便宜没好货，好货不便宜。

——史襄哉

不怕不识货，就怕货比货。

——史襄哉

货无大小，缺者便贵。

——冯梦龙

金钱往往成为真正情义的障碍物。 ——邹韬奋

八个坛子七个盖，盖来盖去不穿帮，就是会做生意。

——胡雪岩

如果我们长期保持饥饿状态，不谋求赚大钱，最终我们能持久赚钱，赚小钱。——任正非

世上的水果蔬菜实在是丰富得让人眼花缭乱、无所适从；东西多了，好东西反而少了。

——莫言

一个老板只有两件事情要做：第一，把场子做大，让每个人都有升迁的希望；第二，让跟你的人都有饭吃。 ——曾仕强

在市场竞争中，与其让别人来打倒你的产品，不如先自己打倒自己的产品，只有不断地自己打倒自己，才能在市场上永远不被打倒。

——张瑞敏

金钱是一种有用的东西，但是，只有在你觉得知足的时候，它才会带给你快乐，否则的话，它除了给你烦恼和妒忌之外，毫无任何积极的意义。——席慕蓉

爱钱的人很难使自己不成为金钱的奴隶。多数人在有了钱之后，会时时刻刻为保存既有的和争取更多的钱而烦心。他的生意越大，得失越重，越难以找回海

阔天空的心境。　　——罗兰

追求财富，而不是金钱或地位。财富是指在你睡觉时仍能为你赚钱的资产。金钱是我们转换时间和财富的方式。地位是你在社会等级体系中所处的位置。

——《纳瓦尔宝典》

你对金钱的个人经验可能只有 0.00000001% 符合实际，但它构成了你对世界运作方式的主观判断的 80%。——《金钱心理学》

货币显示出我们的力量。

——萨特

自由产生财富，财富毁坏自由。　　　　——劳埃德

诚实与聚积大量财富是不可调和的。　　　　——甘地

金钱的价值不在于占有，而在于使用。　　——伊索

财产有它的权利，也有它的义务。　　　——德拉蒙德

一个男人最好的财富莫过于贤妻和健康。　　——傅勒

金钱能买到一条不错的狗，但是买不到它摇尾巴。——比林斯

生活中最没用的东西是财产，最有用的东西是才智。

——莱辛

金钱就像第六感觉。没有它，其余的五种感觉也不能完全发生效用。　　　——毛姆

财富是了不起的。因为它意味着力量，意味着闲暇，意味着自由。　　　　——罗威尔

把手头的事情做好。把已经拥有的客户照顾好，其他的自然会来找你。　——查理·芒格

有过多资财的地方，必有过多的贫穷。此正如太阳最明亮之际，阴影地最深浓。——兰德

黄金使弟兄们仇恨，黄金使家庭间争吵，黄金使朋友们分散，黄金使内战爆发。——科里

在历史上起了特殊作用的是金钱、爱情、阴谋、挫折，以及某些惊人的事件。

——米·左琴科

人类百分之七十的烦恼都跟金钱有关，而人们在处理金钱时，却往往意外地盲目。

——卡耐基

人因为财富而变得高贵；富裕带来荣耀，富裕创造友谊；穷人到哪儿都是人下人。

——奥维德

人们所努力追求的庸俗的目标——财产、虚荣、奢侈的生活，我总觉得都是可鄙的。

——爱因斯坦

金钱可以是许多东西的外

壳，却不是里面的果实。金钱是被铸造出来的自由。

——陀思妥耶夫斯基

我们手里的金钱是保持自由的一种工具；我们所追求的金钱，则是使自己当奴隶的一种工具。

——卢梭

金钱并不像平常所说的那样是一切邪恶的根源，唯有对金钱的贪欲，即对金钱过分的、自私的、贪婪的追求，才是一切邪恶的根源。——霍桑

财富并不是永久的朋友，但朋友却是永久的财富。

——列夫·托尔斯泰

毫无疑问，财产同自由一样，是人类的一项真正权利。

——约翰·亚当斯

形成罪恶根源的东西，并不是金钱本身，而是对钱的挚爱。

——史密斯

财富的增长和闲暇的增加是人类文明的两大杠杆。

——迪斯雷利

人不能光靠感情生活，人还得靠钱生活。——罗曼·罗兰

发财有术，能叫沙子变金子。

——爱·扬格

金钱是善仆，也是恶主。

——培根

世上没有任何东西比金钱更能使人道德败坏。

——索福克勒斯

对财产先入为主的观念，比其他事更能阻止人们过自由而高尚的生活。——罗素

翻遍了整个历史，我们没有看到一次金钱不起作用或遭到失败的事例。——米·左琴科

财宝如火，你认为它是有用的仆人，但转瞬之间它就摇身变为可怕的主人。——托·卡莱尔

获取你能获得的，保住你所拥有的；这就是能使你所有的铅变成金子的砥石。——富兰克林

适度的钱瘾也许害处不是很大，一旦过度，总对健康不利。

——克拉伦斯·戴

鸟翼上系上了黄金，这鸟便永不能再在天空翱翔了。

——泰戈尔

对不正当的获利的希望，是失利的开始。——德谟克利特

赚钱并不是无用的事，但如果用不义的手段赚钱，则是最大的恶事。——德谟克利特

正如癌是一种肿瘤中最恶的一样，当人侵占旁人的财产时，也是一种最坏的占有。

——德谟克利特

不是自己的钱千万别用。

——杰弗逊

财产是智力的产物,其追逐者需要的是清醒的头脑、准确的推理、敏捷的反应和必要的耐心。

——爱默生

所谓财产并不能创造人类道德价值和智能价值。对平庸的人只会成为堕落的媒介,但如果掌握在坚定正确的人手中就会成为有力的千斤顶。

——莫泊桑

穷与富

穷与富是生活的两种状态。富人应常怀感恩,回馈社会;穷人要自强不息,努力奋斗。穷富皆非定局,边赚边存,慢慢变富,开启财富自由之路。

富在术数,不在劳身。利在势居,不在力耕。——《盐铁论》

君子忧道不忧贫。——孔子

贫而无谄,富而无骄。

——子贡

贵不凌贱,富不傲贫。

——晏婴

富贵不傲物,贫贱不易行。

——晏婴

穷且益坚,不坠青云之志。

——王勃

常人所欲在富,君子所贵在德。——陆九渊

富贵不淫贫贱乐,男儿到此是豪雄。——程颢

马行无力皆因瘦,人不风流只为贫。——《增广贤文》

贫居闹市无人识,富在深山有远亲。——《增广贤文》

"大富由天,小富由人。"人为之富,是自私的;天然之富,是大公的;而物质之富,仅夸耀于当时;精神之富,可流芳于将来。所以道德文章,功勋事业,比之金玉珠宝,田产房屋,各有因缘。——聂云台

以富为是者,不能让禄;以显为是者,不能让名。——庄子

向人借钱，总恨不得对方慷慨解囊。归还欠债，偏偏心痛万分的居多。
——三毛

金钱是万恶的东西，世界上所以有一些黑暗的现象，都是由于它在作祟。
——蒋光慈

古人说穷炫耀，就是说没有钱的人才爱炫耀，为什么？缺乏素质，虚荣心使然。不珍惜粮食，乱扔馒头、包子的行为十分不雅，这不能证明你家富有，恰恰相反，从这里可能暴露出你家的贫穷与你内心的自卑。
——曹德旺

贫穷不是羞耻，富贵也不是罪恶，粗茶淡饭与锦衣玉食并没有太大差别，只要我们有爱，孩子们就会有笑容。
——席慕蓉

没钱带来的不仅是生活的困顿，还有别人有意无意的疏远和躲避。即使心再好，谁都怕被拖累。
——蔡崇达

贫而懒惰乃真穷，贱而无志乃真贱。
——罗丹

富贵是满意所不可缺少的要素。
——爱·扬格

财富令人起敬，它是社会秩序最坚固的支柱之一。
——罗曼·罗兰

为了到临死时才变成一个富翁而终生受穷困的人实在是疯狂。
——玉外纳

很难说究竟什么东西会带来幸福，贫穷和富裕都不能。
——金·哈伯德

巨额财富使人养尊处优，无求于人，但也有一种危险的倾向，它能使一个意志坚强、知识渊博的人变得怪癖、自负。
——萧伯纳

贫苦就如熔炉，伟大才智都会在其中炼得纯净和永不腐蚀，正如钻石那样，能够经受千锤百炼而不会粉碎。
——巴尔扎克

贫穷的伴侣是自由，束缚伴随着富裕。财富是人创造的，所以人富了以后难以摆脱人世的羁绊。
——木村鉴三

财富掌握在意志薄弱、缺乏自制、缺乏理性的人手中，就会成为一种诱惑和一个陷阱。
——塞缪尔·斯迈尔斯

巨大的财富对于一个不惯于掌握钱财的人，是一种毒害，它侵入他品德的血肉和骨髓。
——马克·吐温

财富更要把你下到地狱里，比贫穷还要厉害不止十倍，财富连你的肉体都救不了。
——萧伯纳

你问富贵的适当界限是什么吗？所谓富贵，首先是必需的都有，其次是所需的皆够。

——塞涅卡

一切财富都是权力，因此权力定会用种种手段将财富确定无疑地据为己有。

——埃德蒙·伯克

有的人生来就富贵，有的人努力取得了富贵，还有的则享有送上门来的富贵。 ——莎士比亚

乞丐并不羡慕百万富翁，尽管他们一定会羡慕比他们乞讨得更多的乞丐。 ——罗素

财富只有当它为人的幸福服务时，它才算作财富。

——苏霍姆林斯基

人们就算不可能真的发财，心中也永远存有致富的欲望。

——魏斯曼

有衔银匙而降生的人，同时也有衔木柄勺降生的人。

——哥尔斯密

富足本来并不在数量的本身，而在取和分的比例。

——哈代

富人很少拥有财产，而是财产拥有他们。 ——英格索尔

无知和富有在一起，就更加使身份大跌了。 ——叔本华

富人的快乐是由穷人的眼泪带来的。 ——托·富勒

贫穷的人往往富于仁慈。

——甘地

消除贫困的时候，我们会失去自己的财富。而拥有这笔财富，我们却会失去多少善心、多少美和多少力量啊！ ——泰戈尔

贫困固然不方便，但过富也不一定是好事，必须依靠自己的力量，谋求生活。 ——居里夫人

穷人不像富人拥有过去。

——罗曼·罗兰

金钱使人成为人，无钱头也抬不成。 ——阿·巴巴耶娃

有钱人的疾病与穷人的酒，再远也能有所闻。 ——赫尔德

会赚钱的人，即使身无分文，也还有自身这个财产。

——亚当

富人到国外也是四海有家，穷人在家里也是异乡人。

——吕克特

在人群中，最富有的是节俭的人，最贫穷的是守财奴。

——尚福尔

消费超过财产的人不是富人，收入超过支出的人也不是穷人。

——哈里勃尔顿

钱是一种难以得到的可怕的

东西，但也是一种值得欢迎的可爱的东西。——亨利·詹姆斯

我们有钱的时候，用几个钱不算什么，直到没有钱，一个钱都有它的意味。——《集外集》

在各个时代，各种情况下，金钱有时都是解决最棘手的问题的唯一手段。——米·左琴科

穷人嫉妒富人、富人惧怕穷人这类事，永远不会间断，爱的福音与它毫无关系。——福楼拜

如果我们能够支配财富，我们将衣食丰盈、自由自在；如果我们被财富所支配，我们将真的穷到骨子里。——埃·伯克

金钱是与能力同义的。这不仅是因为它事实上能使我们获得我们要求的东西，而且尤其因为它代表了我的真实的欲望的权力。——萨特

大家都相信，财富会带来他曾经梦想的某一样东西。等事实证明不了的时候，这种人就会崩溃。他发现自己真正的喜好，追求的只是富足的虚构概念。——魏斯曼

衡量一个人是高贵还是低贱，要看他具有什么样的品质，而不看他拥有多少财富。——比彻

那些相信只有财富才能证明自己的伟大和幸福，并使发财成为生命和思想之目的的人，正是我们称之为市侩的人。
——马修·阿诺德

钱，钱，钱！你是怎样被盲目地崇拜，你是怎样被愚蠢地滥用。你就是健康，你就是自由，你就是力量。有钱人会向邪恶的魔鬼晃动自己的钱袋。
——查尔斯·兰姆

钱是世界上最重要的东西。它代表健康、力量、荣誉、慷慨和美丽。……金钱的力量不仅能使高贵的人雍容华贵，也完全可以使卑贱的人、腐败的人堕落。
——萧伯纳

夸耀贫穷比夸耀富裕更卑鄙。
——斋藤绿雨

万恶的金钱破坏了一切关系。
——列夫·托尔斯泰

钱是个可恶的东西，用它可以办好事，也可以做坏事。
——冈察洛夫

金钱如同恶人的友谊，又如同没有基础的建筑，是不会长久的。——伊本·穆加发

有钱的人不容易做到有节制，有节制的人也很难变得有钱。
——爱比克泰德

贵与贱

贵与贱并非仅由出身或地位决定,而在于品德与修养。心怀仁义,虽贱亦贵;行为卑劣,虽贵亦贱。

人等于动物,有人做牛马,天天吃苦,否则吃不到饭。有人做猫做蝴蝶,一辈子好吃懒做,东张西望,照样享福。
——金宇澄

富贵多士,贫贱寡友。
——司马迁

不以贵为安,不以贱为危。
——《淮南子》

位尊身危,财多命殆。
——《后汉书》

安贫乐贱,与世无营。
——《后汉书》

贵富太盛,则必骄佚而生过。
——王符

富贵未必可重,贫贱未必可轻。
——王符

贫贱常思富贵,富贵必履危机。
——《晋书》

贫贱则慑于饥寒,富贵则流于逸乐。
——曹丕

杨子曰:"为仁不富,为富不仁。"苟先利而后义,取夺不厌。
——《盐铁论》

安贫福所与,富贵为祸谋。
——傅玄

富在知足,贵在求退。
——刘向

人无贵贱,道在则尊。
——蔡邕

不戚戚于贫贱,不汲汲于富贵。
——陶渊明

贵者虽自贵,视之若埃尘。贱者虽自贱,重之若千钧。
——左思

才高行厚,未必保其必富贵;智寡德薄,未可信其必贫贱。
——王充

贵不与骄期而骄自至,禄不与侈期而侈自至。
——吴兢

富贵者,君子之余事;仁义者,贤达之常迹。
——卢照邻

虽富贵，不以养伤身；虽贫贱，不以利毁廉。
　　——武则天

积金帛而为富，不如广艺文而为富；据权位而为贵，不如守道德而为贵。
　　——晁迥

贫贱之交不可忘，珠玉满堂而不足贵。
　　——陈子昂

富极是招灾本，财多是惹祸因。
　　——刘禹锡

其穷也不忧，其乐也不淫。
　　——柳宗元

君子谋道不谋富。
　　——柳宗元

须知为富不仁，自来见利忘义。
　　——邵璨

心足则物常有余，心贪则物常不足。
　　——杜光庭

不取于人谓之富，不辱于人谓之贵。
　　——《孔丛子》

能知足则常足，故富；能脱俗则不俗，故贵。
　　——李贽

小富小贵易盈，前程有限；大富大贵不动，厚福无疆。
　　——陈抟

真视富贵如浮云，不溺于名利酒色，一世之伟人也。
　　——黄庭坚

贵能不骄，富能不奢，为无俗过，故得长守富贵。
　　——司马承祯

有德而富贵者，乘富贵之势以利物；无德而富贵者，乘富贵之势以残身。
　　——胡宏

富贵是无情之物，看得他重，他害你越大；贫贱是耐久之交，处得他好，他益你反深。
　　——《菜根谭》

放得下功名富贵，便可脱凡；放得下道德仁义，才可入圣。
　　——陈继儒

家纵贫寒，也须留读书种子；人虽富贵，不可忘力穑艰辛。
　　——王永彬

钱能福人，亦能祸人，有钱者不可不知。
　　——王永彬

随富随贫且欢乐，不开口笑是痴人。
　　——白居易

身闲为富，心闲为贵。
　　——郑瑄

富贵如浮云，金玉不为宝。
　　——江淹

达亦不足贵，穷亦不足悲。
　　——李白

宁可清贫自乐，不作浊富多忧。
　　——释道原

富贵不淫贫贱乐，男儿到此是豪雄。
　　——程颢

乐能知足乃为富，岂必金玉名高资？
　　——欧阳修

知足者贫贱亦乐；不知足

者，富贵亦忧。 ——林逋

天下之事，多成于贫贱感教之中，或败于富贵安乐之际。

——吴曾

荣盛之家，骄惰生焉，败亡至矣；贫贱之家，畏惧生焉，人才出矣。 ——钱琦

财能使人贪，色能使人嗜，名能使人矜，势能使人倚。四患既都去，岂在尘埃里？ ——邵雍

势无常也，仁者勿恃。势伏凶也，智者不矜。势莫加君子，德休与小人。君子势不于力也，力尽而势亡焉。小人势不惠人也，趋之必祸焉。众成其势，一人堪毁。强者凌弱，人怨乃弃。势极无让者疑，位尊弗恭者忌。势或失之，名或谤之，少怨者再得也。势固灭之，人固死之，无骄者惠嗣焉。 ——《止学》

树木至归根日，而后知华萼枝叶之易空；人生到盖棺时，而后知子女玉帛之难守。

——《菜根谭》

处富贵之地，要知贫贱的痛痒；当少壮之时，须念衰老的辛酸。 ——《菜根谭》

贫贱是苦境，能善处者自乐；富贵是乐境，不善处者更苦。

——《格言联璧》

只有物质和精神都富足的人才是真正的富有。 ——赵鑫珊

金钱一富裕的时候，总是涌出些奢侈欲望来。 ——郭沫若

金钱能使卑下的人身败名裂，而使高尚的人胆壮心雄。

——林语堂

金钱本身是没有什么善与恶的。善与恶决定于，金钱是怎样获得的？金钱又是怎样使用的？

——季羡林

别把钱看得太大了，因为钱之上还有比钱大的事；也别把钱看得太小了，因为钱是要用来做大事的。 ——陶行知

世界上大事情像可以随便应付，偏是小事倒丝毫假借不了。譬如贪官污吏，纳贿几千万，却绝不肯偷人家的钱袋。

——钱锺书

俭与奢

俭与奢是生活态度的两极。俭朴能养德,使人知足常乐;奢侈易致空虚,令人迷失自我。倡导节俭,抵制奢侈,方能成就美好人生。

现在想起来,我在棉花加工厂工作期间,家里穷成那样子,母亲生了病都不买药,炕席破了都舍不得换,我却贪慕虚荣买新衣新鞋,花钱到理发铺里理大分头,与工友凑份子喝酒……挥霍钱财,真是罪过。
——莫言

君子富,好行其德;小人富,以适其力。
——司马迁

侈而惰者贫,而力而俭者富。
——韩非子

克勤于邦,克俭于家。
——《尚书》

千里之行,始于足下。
——老子

俭节则昌,淫佚则亡。
——墨子

量入以为出。
——戴圣

节用储蓄,以备凶灾。
——范晔

奢未及侈,俭而不陋。
——张衡

俭开福源,奢起贫兆。
——陈寿

贫不忘俭,富不学奢。
——马周

俭则家富,奢则家贫。
——宋若莘

奢侈之费,甚于天灾。
——《晋书》

人性无涯,奢俭由势。
——《晋书》

不以奢为乐,不以廉为悲。
——《淮南子》

克勤克俭,无怠无荒。
——《乐府诗集》

俭,德之共也;侈,恶之大也。
——左丘明

奢侈者可以为戒,节俭者可以为师。
——吴兢

救奢必于俭约,拯薄无若敦厚。
——《后汉书》

惟俭可以助廉,惟恕可以成德。
——《宋史》

奢者富不足，俭者贫有余；奢者心常贫，俭者心常富。
——慎到

一粥一饭，当思来处不易；半丝半缕，恒念物力维艰。
——《朱子家训》

由俭入奢易，由奢入俭难。
——司马光

众人皆以奢靡为荣，吾心独以俭素为美。
——司马光

千淘万漉虽辛苦，吹尽狂沙始到金。
——刘禹锡

奢者狼藉俭者安，一凶一吉在眼前。
——白居易

居安思危，戒奢以俭。
——魏征

奢者好动，俭者好静；奢者好难，俭者好易；奢者好繁，俭者好简；奢者好逸乐，俭者好恬淡。
——谭峭

栽培剪伐须勤力，花易凋零草易生。
——苏舜钦

豪华尽出成功后，逸乐安知与祸双？
——王安石

天下之事，常成于困约，而败于奢靡。
——陆游

节衣缩食勤耕桑。
——陆游

治家最忌奢。
——梁章钜

成人不自在，自在不成人。
——罗大经

人能咬得菜根，则百事可成。
——汪信民

以俭治身，则无忧；以俭治家，则无求。
——许名奎

历观古今，以约失之者实寡，以奢失之者盖众。
——陆云

家败离不得个"奢"字，人败离不得个"逸"字。
——曾国藩

俭则足用，俭则寡求，俭则可以成家，俭则可以立身。
——徐祯稷

事不可易成，名不可易得，福不可易享。
——徐祯稷

珠玉非宝，节俭乃宝。
——朱元璋

惜衣有衣，惜食有食。
——冯梦龙

技工于习，事成于勉。
——宋懋澄

不患不富，患不知节。
——张居正

常将有日思无日，莫待无时想有时。
——张居正

惟淡可以从俭，惟俭可以养廉。
——周顺昌

奢侈足以败家；悭吝亦足以败家。
——王永彬

富贵因从勤俭起，贫穷只为手头松。
——史襄哉

勤俭富贵之本，懒惰贫贱之苗。　　——史襄哉

节俭朴素，人之美德，奢侈华丽，人之大恶。　　——薛瑄

俭者省约为礼之谓也，吝者穷急不恤之谓也。　　——颜之推

俭则常足，常足则乐而得美名，祸咎远矣；侈则常不足，常不足则忧而得訾恶，福亦远矣。　　——田况

俭则约，约则百善俱兴；侈则肆，肆则百恶俱纵。　　——吕坤

布衣菜饭，可乐终身，不必作远游计也。　　——《浮生六记》

俭虽美德，然太俭则悭。　　——申涵光

坐吃山空，立吃地陷。　　——秦简夫

不受苦中苦，难为人上人。　　——秦简夫

平生不学口头禅，脚踏实地性虚天。　　——王梂

从来好事天生俭，自古瓜儿苦后甜。　　——白朴

古今之所以丧亡者，未有不从奢侈而败。　　——许仲琳

由俭入奢，易于落水；由奢入俭，难于登天。　　——谚语

家人皆节俭，则一家齐；国人皆节俭，则一国安。——蔡元培

天地生财，只有此数，由俭入奢易，由奢返俭难。人当时时猛省。　　——张伯行

在创业时期中必须靠自己打出一条生路来，艰苦困难即此一条生路上必须之途径，一旦相遇，除迎头搏击外无他法，若畏缩退避，即等于自绝其前进。

　　——邹韬奋

幼稚不可免，困难不可怕，最重要的是脚踏实地地学习，勤修苦练，持之以恒。　——夏衍

清贫、洁白朴素的生活，正是我们革命者能够战胜许多困难的地方。　　——方志敏

勤能补拙是良训，一分辛苦一分才。　　——华罗庚

欲去贪婪，不可不先去奢侈之心。　　——西塞罗

不聚小钱的人永远得不到大钱。　　——查理二世

奢侈如酒，能使人兴奋，也能使人衰弱。　　——卡尔

挣了钱却不知道节省的人只能劳累终生。——切斯特菲尔德

奢侈总是跟随着淫乱，淫乱总是跟随着奢侈。——孟德斯鸠

当人达到目的或有保证能达到目的时，一切辛苦都比休息更适意。　　——赫拉克利特

谁在平日节衣缩食，在穷困时就容易渡过难关；谁在富足时豪华奢侈，在穷困时就会死于饥寒。
——萨迪

谁不想沦为双目晶莹的饥汉，谁不应该积蓄；因为只有不嫌少，日积月累，钱才能由少变多。
——赫西奥德

知道什么时候该花钱，什么时候该节约，你就不必整天忙忙碌碌，也就永远不会变成穷光蛋。
——托·富勒

节俭是哲学家的基石。
——托·富勒

节约与勤勉是人类的两个名医。
——卢梭

傻瓜随随便便花掉一分钱，聪明人却把它攒起来。
——富兰克林

获取你能获取的，保住你所拥有的，这就是能使你所有的船变成金子的砥石。
——富兰克林

节俭是一门艺术，它能使人最大限度地享用生活。热爱节俭是一切美德的根本。
——萧伯纳

管家犹如治国，需要很多学问，但从中人们也能学到很多知识。
——爱默生

生活要讲俭朴，免得落个贫穷潦倒的结局；许多细账加起来往往是一笔可观的财富。
——罗·赫里克

勤俭固然是好事，但该慷慨的还得慷慨。因为勤俭可以避免不必要的开支，慷慨可以让这些钱去为手头拮据的人谋利。没有慷慨的勤俭会使人贪得无厌；没有勤俭的慷慨会使人挥金如土。
——佩恩

财迷精心致力于积聚他自己诚然享受不到的钱物，这是不可思议的；浪子挥金如土去追逐他断然不应奢求的富贵，这不也是不可思议的吗？
——蒲柏

如果你的孩子懂得积攒东西，你千万别去泼冷水；把一分分钱攒起来，而不是用来买蛋糕，这样的孩子至少不是馋嘴子。
——塞缪尔·约翰逊

对从未享受过的奢侈品，人们可以没有，但一旦得到之后，人的本性决定了他不可能自愿将其放弃。
——哈里勃尔顿

守财并不比聚财轻松，因为后者靠的是运气，而前者则要求有本领。
——奥维德

当囊空如洗时才开始节约就为时太晚了。
——塞内加